Band 131

OutdoorHandbuch

Wolfgang Ries

Zeltlager und Jugendfreizeiten I

Planung und Vorbereitung

BASISWISSEN FÜR DRAUßEN

Alle Informationen, schriftlich und zeichnerisch, wurden nach bestem Wissen zusammengestellt und überprüft. Sie waren korrekt zum Zeitpunkt der Recherche. Eine Garantie für den Inhalt, z.B. die immerwährende Richtigkeit von Preisen, Adressen, Telefon/Faxnummern sowie Internet-Adressen, Zeit- und sonstigen Angaben kann naturgemäß von Verlag und Autor, auch im Sinne der Produkthaftung, nicht übernommen werden.

Der Autor und der Verlag sind für Lesertips und Verbesserungen (besonders als E-Mail oder auf Diskette) unter Angabe der Auflagen- und Seitennummer dankbar.

Leser, deren Einsendung verwertet wird, werden in der nächsten Ausgabe genannt und erhalten als Dank ein Exemplar der neuen Auflage oder ein anderes Buch ihrer Wahl aus dem Programm des Verlags.

Planung und Vorbereitung

OutdoorHandbuch aus der Reihe Basiswissen für Draußen, Band 131

ISBN 3-89392-531-7 1. Auflage 2004

Dieses OutdoorHandbuch wurde konzipiert und redaktionell erstellt vom
Conrad Stein Verlag GmbH, Postfach 1233, 59512 Welver
Dorfstr. 3a, 59514 Welver , ☏ 02384/963912, FAX 02384/963913
<info@conrad-stein-verlag.de>
<http://www.conrad-stein-verlag.de>

Unsere Bücher sind überall im wohlsortierten Buchhandel und in cleveren Outdoorshops in Deutschland, Österreich und der Schweiz erhältlich.
Auslieferung für den Buchhandel:
(D) Prolit, Fernwald und alle Barsortimente,
(A) freytag & berndt, Wien,
(CH) AVA-buch 2000, Affoltern und Schweizer Buchzentrum.

Text und Fotos: Wolfgang Ries
Illustrationen: Laura Scivoli
Lektorat, Layout: Marie-Luise Tolkmit, Martina Wartenberg
Gesamtherstellung: Breklumer Druckerei, 25821 Breklum

Dieses OutdoorHandbuch hat 124 Seiten mit 34 s/w Fotos und 14 Illustrationen. Es wurde der Umwelt zuliebe auf chlorfrei gebleichtem Papier gedruckt.

007900

Inhalt

Über den Autor

Wolfgang Ries, von Beruf Elektrotechniker ist in und mit der Jugendarbeit aufgewachsen. Neben der Planung und Durchführung zahlloser BdkJ- Zeltlager organisiert er Hüttenfreizeiten für Jugendliche und jung gebliebene Erwachsene. Neben seinen vielfältigen Aufgaben bei der Vor- und Nachbereitung gehört seine Leidenschaft während einem Lager allerdings der rustikalen Lagerküche.

Der Autor und die Pfadfinderinnen der PGS Denzlingen

Kürzel

		✉	E-Mail-Adresse		
✋	Achtung!	FAX	Fax	☎	Telefon
📖	Buchtip	💻	Homepage	☺	Tip

Vorwort

Danke!

Ganz besonders bedanken möchte ich mich an dieser Stelle bei „meinen Pfadfinderinnen" der PSG Denzlingen. Bei Bärbel, Elli, Rita, Sarah und Tina, die durch Ihre kräftige Mitarbeit als Co-Autoren zur Realisierung dieses Buches beigetragen haben.

Ein super- duper- affen- mega- turbo- gummigigantisches Dankeschön aber gilt Laura Scivoli, die meinen nahezu unersättlichen Durst nach immer neuen Zeichnungen für dieses Buch mit Ihrer südländischen Gelassenheit ertragen hat!

Ein paar Worte vorweg.....

Freizeiten und Zeltlager zu organisieren und durchzuführen ist eine verantwortungsvolle Aufgabe. Schließlich vertrauen uns wildfremde Menschen Ihre Kinder an, um mit Ihnen die schönsten Wochen des Jahres zu verbringen. Um diesem Vorschuss an Vertrauen gerecht zu werden, heißt es gewissenhaft und seriös zu arbeiten.

Dieses Buch soll Anregungen liefern – keine Patentrezepte – um Anfängern die Arbeit zu erleichtern oder einem erfahrenen Team neue Impulse zu geben. In chronologischer Reihenfolge wird dabei hauptsächlich die praktische Seite einer Ferienfahrt behandelt. Die psychologische wollen wir denjenigen überlassen, die sich besser damit auskennen. Alle Planungshilfen, Checklisten und Musterbriefe sind das Ergebnis aus 25 Jahren Zeltlager- und Freizeitarbeit und stehen als Download zur Verfügung unter

<www.lagerwolfgang.de> .

Aufmerksame Leser werden schnell feststellen, daß wir im Folgenden immer von „dem Leiter", bzw. „dem Betreuer" sprechen. Das ist keinesfalls abwertend, sondern geschah nur der Einfachheit halber.

Trotz Planungshilfen und Kopiervorlagen, die Vorbereitung und Durchführung einer Freizeit bzw. eines Zeltlagers ist mit einer Menge Arbeit verbunden und braucht daher eine gute Portion Enthusiasmus. Wenn dann bei der Heimreise allerdings die Tränen fließen und die Kinder schon nach dem nächsten Lager fragen, wird schnell klar: es ist und bleibt ein beeindruckendes Erlebnis!

Aber Achtung, es kann süchtig machen!

August

Ferienfreizeiten zu leiten ist eine verantwortungsvolle Tätigkeit. Schließlich vertrauen Eltern manchmal wildfremden Menschen ihre Kinder an, um gemeinsam mit anderen die schönsten Wochen des Jahres zu verbringen. Um dieser Verantwortung gerecht zu werden heißt es, seriös zu planen und vorzubereiten. Deshalb ist es nicht verwunderlich, daß die Arbeit für eine Ferienfreizeit bereits ein Jahr zuvor beginnt.

Warum soviel Stress?

Warum kommen meist junge Menschen auf die Idee, Zeltlager oder Hausfreizeiten durchzuführen? Welcher Antrieb steckt dahinter? Auf die Frage nach dem Warum fallen Antworten wie:

- Es ist Teil des Pfadfinderlebens.
- Weil es Spaß macht, sich für Kinder und Jugendliche zu engagieren.
- Um in der Gruppe mit Gleichaltrigen Spaß zu haben und aktiv seine Freizeit zu gestalten, ohne bloß zu konsumieren.
- Es macht Spaß zu organisieren und Verantwortung zu übernehmen.

Pfarrer, Vereinsvorstände oder Jugendreferenten sehen das unter Umständen schon viel rationeller. Für sie gehört die Durchführung von Jugenderholungsmaßnahmen zum Teil sogar zu ihrer beruflichen Aufgabe. Daher zählen auch Argumente wie:

- Es herrscht rege Nachfrage im Verein oder in der Gemeinde.
- Während einer Freizeit wird das Gruppengefühl gesteigert.
- Ein Zeltlager ist ein preiswertes Urlaubsangebot für Familien mit niedrigem Einkommen.

Lagerleitung – die Chefs

Grundsätzlich ist es erforderlich, zuerst eine Lagerleitung für eine Freizeit zu bestimmen. Gleich, ob freiwillig dazu gekommen oder vom Pfarrer, Vorstand oder Jugendreferenten vorgeschlagen, ohne eine kräftige Portion Erfahrung, Enthusiasmus und Aufopferungsfähigkeit sollte niemand diese Aufgabe übernehmen. Es steckt mehr Arbeit dahinter, als sich so mancher vorstellen kann.

Die Leiterrunde

Die Lagerleitung ist der Kopf einer Freizeit. Sie besteht nicht unbedingt immer aus einem Team (zur Not könnte dies auch eine Person übernehmen), aber eine Aufteilung auf mehrere Personen erleichtert die Arbeit ungemein. Jeder hat dann seinen spezifischen Aufgabenbereich, etwa die Finanzen, die Küche oder die Durchführung des Programmes.

Die Lagerleitung ist auch für den rechtlichen Bereich des Lagers verantwortlich. Es versteht sich daher von selbst, daß dies nur Personen über 18 Jahre sein können. Sie achten auf grundsätzliche Dinge, z.B. die Aufsichtspflicht und die Einhaltung des Jugendschutzgesetzes. Weiterhin leiten sie die regelmäßigen Teambesprechungen. In dieser Runde werden die pädagogischen Entscheidungen besprochen und entschieden.

Während der ganzen Zeit organisieren und überwachen sie alles, was geplant und vorbereitet werden muß. Konkrete Beispiele hierzu sind die Buchung der

Unterkunft, der Bustransfer, alles rechtliche und die Kommunikation mit den Eltern.

Fragen, lauter Fragen....

Nachdem die Lagerleitung feststeht, gibt es eine Reihe von Fragen zu klären. Zeltlager oder Hausfreizeit, wer geht mit, wann und wo sind nur wenige Beispiele. Zur Vermeidung von späteren Querelen wird dies in Absprache mit Vorstand, Pfarrer usw. festgelegt.

Wer fährt mit? Die Zielgruppe

Prinzipiell werden sich Fragen zur Zusammensetzung, Alter und Größe in den meisten Fällen gar nicht stellen. Die Vereinsmitglieder geben die Struktur vor und stehen natürlich an erster Stelle. Wenn genügend Betreuer (pro 5-7 Teilnehmer ein Betreuer) zur Verfügung stehen, kann die Teilnehmerzahl durch Freunde und Bekannte (Achtung, Zusatzversicherungen für Nichtmitglieder beachten) vergrößert werden. Werden Freizeiten öffentlich (z.B. kreisweit) ausgeschrieben, sieht die Sache schon ganz anders aus. Dann ist für reichlich Diskussionsstoff gesorgt. Soll eine gemischte Freizeit durchgeführt werden oder ein reines Jungen- bzw. Mädchenlager? Hier scheiden sich die Geister erfahrungsgemäß zum ersten Mal! Auch wenn gemischte Lager am meisten verbreitet sind und getrennte Lager als konservativ gelten, so haben diese doch ihren ganz eigenen, unverwechselbaren Flair. Diese Entscheidung sollte wohl überlegt sein.

Was auch nicht unterschätzt werden darf, ist die Frage der Altersspanne. Wohl wird jedem schnell klar, daß eine Freizeit für 8-18 jährige ein ziemlich schwieriges Unterfangen sein wird. Neben den altersspezifischen Interessen spielt die auch Pubertät eine ganz entscheidende Rolle. Bewährt haben sich daher Freizeiten für 9-13 jährige oder 14-17 jährige Kinder bzw. Jugendliche.

Betreuer – die Bezugspersonen

Als nächstes ist die Frage nach den Betreuern zu klären. Wie viele werden benötigt, oder besser formuliert, wie viele werden sich auf das Abenteuer Ferienfreizeit einlassen. Möglichkeiten, diese begehrte Spezies Mensch zu finden, gibt es viele. Da sind zum einen die ehemaligen Teilnehmer, denen die Abläufe und Gepflogenheiten gut vertraut sind. Weiterhin kommen Gruppenleiter von Jugendgruppen in Frage, die in der Regel über eine fundierte Jugendleiterausbildung verfügen. Auch die Suche in Erzieherschulen führt häufig zum Erfolg. Und nicht zuletzt ist die gute alte Mundpropaganda ein geeignetes Mittel.

Zusätzlich zu den Betreuern ist noch ein strapazierfähiges Küchenteam notwendig. Je nach Größe des Lagers sind das noch mal einige Personen, wobei zumindest einer vom Fach sein sollte.

☞ Bei minderjährigen Betreuern ist eine Genehmigung der gesetzlichen Vertreter notwendig, daß sie die Aufsichtspflicht für die Teilnehmer übernehmen dürfen.

Anzahl der Teilnehmer

Als nächstes gilt es Klarheit über die Anzahl der Teilnehmer zu schaffen. Dabei spielt vor allem die Größe des Vereines bzw. der Pfarrei / Gemeinde eine entscheidende Rolle, aber auch die Anzahl der Betreuer ist von großer Bedeutung. Und nicht zuletzt entscheidet das Vertrauen in die eigenen Fähigkeiten mit über diesen Punkt.

Dauer und Termin der Freizeit

Ob an Ostern, Pfingsten oder in den Sommerferien, die Dauer einer Freizeit kann völlig unterschiedlich sein. Wer zum ersten Mal eine Freizeit durchführt, der sollte am besten mit einem Hüttenwochenende beginnen und erst nach diesen Erfahrungen eine größere Aktion planen.

Im Allgemeinen haben sich folgende Zeiträume als sinnvoll erwiesen:

- Ein Wochenende (z.B. Hüttenwochenende)
- Ein verlängertes Wochenende (unter Einbeziehung eines Brückentages).
- Oster und Pfingstfreizeiten (meist eine Woche).
- Zwei Wochen in den Sommerferien, mit oder ohne Vortrupp/Vorlager. Hierbei sollte allerdings zwischen Ferienbeginn und –ende entschieden werden. Eine Freizeit in der 3. und 4. Ferienwoche ist nicht ratsam, da viele Familien drei Wochen in Urlaub fahren.

Waldlichtung oder Luxusdomizil - die Unterkunft

Nun muß nur noch die Entscheidung über eine geeignete Unterkunftsform fallen. Zeltlager oder Haus, das dürfte hierbei wohl noch die einfachste Frage sein, denn wer kein eigenes Zeltlagermaterial hat, wird sich wohl oder übel für eine

Hausfreizeit entscheiden. Es sei denn, er nutzt die Angebote mancher Zeltverleiher oder er findet einen Zeltplatz mit eigenen Zelten.

Bei dem nächsten Punkt, der Zielregion, wird es schon schwieriger. Da dominieren meist persönliche Vorlieben die Diskussion. Ans Meer oder in die Berge, weit weg oder gleich um die Ecke, es gibt überall schöne Unterkünfte. Bedacht werden müssen jedoch die Kosten für die Anreise, denn jeder Kilometer kostet Geld und schmälert dadurch das (eigentlich immer) begrenzte Budget.

Eine nicht unerhebliche Kostenfrage ist die Entscheidung, selbst zu kochen oder sich verpflegen zu lassen. In vielen Häusern besteht zwar die Möglichkeit zur Vollverpflegung, aber gerade für Kinder und Jugendliche ist die Mitarbeit in einer Lagerküche ein unvergeßliches Erlebnis.

Abschließend noch ein paar Gedanken zu Freizeiten im Ausland. Grundsätzlich sollten diese nur von Personen durchgeführt werden, die über einen großen Erfahrungsschatz verfügen. Denn neben den sprachlichen und finanziellen Problemen müssen auch die rechtlichen und kulturellen Unterschiede berücksichtigt werden.

Allerdings gibt es für manche Auslandsfreizeiten extra Zuschüsse. Für Reisen ins benachbarte Frankreich oder Polen gewähren z.B. das Deutsch-Französische, bzw. das Deutsch-Polnischen Jugendwerk zusätzliche finanzielle Unterstützung.

Rohkalkulation und Konzept

Um einen vorläufigen Überblick zu erhalten, in welchen finanziellen Dimensionen die Maßnahme abläuft, müssen nun die Kosten für Transport, Unterkunft, Material, Verpflegung, usw. erfaßt werden und mit den Einnahmen durch Zuschüsse und Teilnehmerbeiträge verglichen werden.

Anhand dieser vorläufigen Kalkulation wird das Vorhaben zwischen Lagerleitung und „Auftraggeber" nochmals besprochen, bevor ein endgültiges Konzept verabschiedet wird. Dann endlich kann das „Abenteuer Ferienfreizeit" beginnen.......

September

Die erste große Herausforderung steht bevor: eine geeignete Unterkunft muß gefunden werden. Verständlicherweise findet schon im Vorfeld einer Freizeit fast nichts soviel Beachtung wie das Haus oder der Zeltplatz. Egal ob am See oder im Gebirge, es ist von vorentscheidender Bedeutung, wohin die Reise geht.

Zeltplatz / Haussuche

Wohl dem, der auf die Arbeit seiner möglichen Vorgänger zurückgreifen kann. Denn die begehrtesten Unterkünfte werden oft schon 1-2 Jahre vor der Ferienfreizeit vergeben. Dann ist die Auswahl noch am größten. Leider gilt auch hier die einfache Regel, wer zuerst kommt, mahlt zuerst! Aber keine Angst, auch zum jetzigen Zeitpunkt findet sich noch was Passendes.

Da zum jetzigen Zeitpunkt die Eckdaten der Gruppe (Anzahl, Alter, Zusammensetzung, Hausfreizeit oder Zeltlager usw.) schon feststehen, können die Anforderungen an die Unterkunft recht schnell konkretisiert werden. Aber

Achtung: bei allen Wünschen an Haus oder Platz dürfen niemals die Kosten vernachlässigt werden. Eine auch noch so schön angepriesene Freizeit wird schnell zum Flop, wenn der Teilnehmerbeitrag zu hoch angesetzt wird.

Die Suche kann beginnen!

Es ist noch gar nicht so lange her, da war es nun notwendig, dicke Bücher zu wälzen und zu telefonieren, telefonieren, telefonieren. Zum Glück ist das mittlerweile viel einfacher geworden. Unter dem Suchbegriff „Häuserlisten" finden sich im Internet immer mehr gut sortierte Zeltplatz- und Häuserlisten.

Hier eine kleine Auswahl interessanter Internetadressen:

- <http://www.pfadfinder.de/plaetze/>
  Übersichtlich gestaltete deutschlandweite Liste von Pfadfinder- Zeltplätzen und Häusern mit kurzer Beschreibung. Zum Teil sind Links zu den Häusern/Plätzen vorhanden. Allerdings gibt es keine Filterfunktionen.
- <http://www.gruppenhaus.de>
  Professionelle deutschlandweite Häuser- und Zeltplatzliste mit sehr ausführlichen Filterfunktionen. Klar strukturierte, übersichtliche Beschreibungen zu Haus/Platz incl. Ausflugsziele sind vorhanden. Links sind soweit verfügbar eingebunden.
- <http://www.gruppenfahrten.com>
  Weltweite Häuserliste mit sehr ausführlichen Filterfunktionen. Ausreichende Beschreibungen zu Haus/Platz, sowie Ausflugsziele sind vorhanden. Zusatzfunktionen wie Landkarte und Routenplaner erleichtern die Arbeit. Auch gibt es Suchfunktionen zu professionellen Veranstaltern.

Schnell findet sich hier eine kleine Anzahl möglicher Kandidaten. Die aufgelisteten Infos sind bei Häusern allerdings noch nicht aussagekräftig genug, um eine endgültige Auswahl treffen zu können. In den meisten Fällen ist es ratsam weitere Unterlagen mit Bildern anzufordern. Vereinzelt finden sich aber auch schon sehr schöne umfangreiche Internetseiten hauptsächlich zu Häusern. Das erspart zeitraubende Korrespondenz.

Was sich bisher noch recht einfach darstellte, kann nun schnell im Chaos enden. Ruck- zuck stapeln sich Faxe, ausgedruckte E-Mails und Prospektmaterial. Um den Überblick nicht zu verlieren, muß daher strukturiert vorgegangen werden. Am besten werden alle Infoblätter entsprechend der Brauchbarkeit sortiert. Vereinfachen läßt sich diese Prozedur zusätzlich durch individuell gestaltete Checklisten. Hier können spezielle Wünsche der Gruppe sehr übersichtlich miteinander verglichen werden. Am Ende dieses Kapitels findet sich jeweils ein Vorschlag für einen Zeltplatz bzw. für ein Haus, sowie ein Musteranschreiben einer Beleganfrage.

☺ Sehr gut geeignet für ein Lager mit Kindern und Jugendlichen ist ein Zeltplatz mit zugehörigem rustikalen Haus oder Hütte. Gute sanitäre Anlagen und eine Küche mit Trinkwasseranschluß kann man hier meist voraussetzen. Wenn dann noch einfache Schlafräume für die Jüngsten vorhanden sind, steht einer guten Freizeit fast nichts mehr im Weg.

Ein interessantes Objekt wird besichtigt

Haben sich ein paar Favoriten herauskristallisiert und sind sie noch nicht belegt, folgt der nächste empfehlenswerte Schritt: die Erkundungsfahrt.

Erfahrungsgemäß sollte für eine größere Gruppe keine Unterkunft ungesehen gebucht werden. Bei einem Zeltplatz kann das womöglich noch gut gehen, bei einem Haus aber sind die Probleme vorprogrammiert. Um einen richtigen Eindruck gewinnen zu können, muß ein Haus vor allem von innen begutachtet werden. Am besten läßt sich dies an einem Wochenende im Beisein des Verwalters realisieren. Dies ist im Übrigen auch eine erste gute Gelegenheit, um nach Ausflugszielen, Einkaufsmöglichkeiten, oder sonstigen „Attraktionen" Ausschau zu halten.

Vor allem aber ist es hilfreich, möglichst viele Fotos zu machen (Begutachtung zu Hause, als Info beim Vortreffen, usw.). Sollten sich wider Erwarten doch Fragen ergeben, gibt es ja noch das Telefon.

☺ Wird ein Zeltplatz bei Regenwetter erkundet, so hat das den Vorteil, daß die negativen Eigenschaften (Pfützenbildung, sumpfige Stellen usw.) auch erkannt werden können.

Alles wird genau notiert

Unter Umständen müssen im ersten Jahr für alle ausgewählten Häuser zwei oder drei Fahrten durchgeführt werden, aber diese Investitionen lohnen sich wirklich! Schließlich kann im nächsten Jahr wiederum auf diese "Infosammlung" zugegriffen werden.

Liegen alle Informationen vor, gilt es abzuwägen. Jeder Platz, jedes Haus hat seine Vor- und Nachteile. Da fehlt ein Bach, dort muß das Feuerholz bezahlt werden oder die scheinbar viel zu hohe Kaution ist schon an Weihnachten zu entrichten. Irgend etwas ist immer! Daher sollten möglichst viele Personen (Vorstandschaft, Pfarrer, Team) an der Entscheidung beteiligt werden, um die Verantwortung zu verteilen.

Vertrag

Ist die Entscheidung gefallen, sollte auf jeden Fall umgehend ein Vertrag in zwei Ausfertigungen unterzeichnet werden, einer für jede Partei. Falls diese Verträge auf dem Postweg hin- und her geschickt werden, kann ein Kontrollanruf am Schluß nicht schaden. Nicht auszudenken, wenn so ein Schreiben (aus welchen Gründen auch immer) mal verloren gehen sollte.

☺ Falls sich zu diesem Zeitpunkt bereits ein Termin für ein Vorbereitungswochenende vor Ort festlegen läßt, kann dieser unter Umständen jetzt schon gebucht werden. Bei manchen Institutionen ist dieser Termin dann umsonst, oder es wird zumindest ein Sonderpreis vereinbart.

Doppelbuchung

Leider gibt es immer noch einige Stellen, die aus allerdings verständlichen Gründen ein Vorbelegungsrecht für eigene Gruppen bis Ende Oktober einräumen. Dies führt dann zwangsweise zu Doppelbuchungen. Das heißt, man bucht eine halbwegs geeignete Unterkunft bereits im Sommer und hofft anschließend auf eine Zusage des Wunschzieles im Spätherbst. Der zuerst gebuchten Platz wird dann einfach wieder abgesagt. Diese Vorgehensweise ist manchmal nicht zu vermeiden, aber es macht die Sache für alle Beteiligten nicht gerade einfacher und sollte daher die absolute Ausnahme bleiben!

Infomaterial

Nachdem nun klar ist, wohin die Reise geht, gilt es, das Ziel genauer zu erkunden. Beim zuständigen Verkehrsamt sind Unterlagen (Prospekte und Wanderkarten) mit Informationen über die Umgebung und Möglichkeiten zur kindgerechten Freizeitgestaltung erhältlich. Falls dies noch nicht ausreichen sollte, hilft der Vermieter sicher gerne weiter.

Darüber sollten aber auf jeden Fall Informationen vorliegen:

- Arzt / Krankenhaus / Apotheke
- Optiker
- Postfiliale
- Freibad / Hallenbad
- Bahnhof / Bushaltestelle
- Tankstelle / Werkstatt
- Lieferant für Propangas
- Bäcker / Metzger
- Getränkehändler
- Supermarkt
- Altglas, Altmetall
- Ausflugsziele
- Übernachtungsmöglichkeit für eine 2-Tages Tour

☺ Während der Ferienfreizeit sollte an einer zentralen Stelle des Hauses / Lagerplatzes (neben Telefon, falls vorhanden oder in der Küche) eine Liste mit allen wichtigen Telefonnummern (Arzt, Krankenhaus, Verwalter usw.) hängen, um bei Notfällen schnell reagieren zu können.

Ausrüster:

Gerade in Zeltlagern inmitten der Natur ist es besonders wichtig, auf gutes Material (Zelte, Kocher usw.) zurückgreifen zu können. Daß es dies nicht im nächsten

Baumarkt gibt, versteht sich von selbst. Auch hier ist das Internet eine geeignete Informationsquelle. Aber Achtung: wie überall im Versandhandel gibt es auch hier große Unterschiede. Zeltkauf ist Vertrauenssache! Wer hauptsächlich mit Kleidung und anderen Modeartikel handelt, dürfte wohl nicht die allererste Adresse für Zeltlagerausrüstung sein. Dagegen sind typische Produkte für Pfadfinder ein untrügliches Merkmal für Qualität und Fachkompetenz!

☺ Es muß nicht immer neues Material sein, das glücklich macht! Unter Umständen kann es viel vorteilhafter sein, auf gebrauchtes zurückzugreifen. Wer es mit seinem Gewissen vereinbaren kann, ist mit ehemaligen Militärartikeln gut beraten.

Perfekte eingerichtete Zelte

Zelte mieten

Auch das ist eine preisgünstige Möglichkeit, vor allem für Anfänger. Je nach Region kann es verschiedene Organisationen geben, die dies anbieten. Ob aus dem sportlichen Bereich oder von kirchlichen Organisationen, es gibt die unterschiedlichsten Vermieter. Die beste Informationsquelle hierzu ist wohl der zuständige Kreisjugendring. Fragen kostet nichts!

Eine weitere Alternative sind Vermieter von Zeltplätzen, die auch über Zelte verfügen. Manchmal umfasst das Angebot sogar den Auf- und Abbau. Das kommt allerdings noch sehr selten vor und ist daher eher die Ausnahme.

Aber egal woher die Zelte kommen, wer für eine gewisse Zeit darin leben will, der sollte sich zuvor mit den Gefahren dieser Unterkünfte vertraut machen.

Heringe: Egal welcher Zelttyp verwendet wird, Heringe werden überall benötigt. Leider stellen sie auch das größte Verletzungsrisiko dar, vor allem, wenn es sich um Heringe aus Metall handelt. Um dies zu verhindern werden Tennisbälle kreuzweise eingeschnitten und über die Heringe gestülpt.

Zeltschnüre: Ähnlich verhält es sich bei Zeltschnüren. Gerade in der Nacht werden sie als potentielle Stolperfalle oftmals unterschätzt. Etwas minimieren läßt sich das Risiko durch alte Bettlaken. In Streifen geschnitten werden sie großzügig um die Schnüre gewickelt. Dadurch sind sie sehr viel besser zu erkennen.

Ferienwerke

Wem das aber alles zuviel ist, für den gibt es eine Lösung: Die Ferienwerke. Das sind meist gemeinnützige Organisationen, die es sich zum Ziel gemacht haben, in ganz Europa das Drumherum einer Freizeit zu managen. Sie organisieren, wenn gewünscht, alle Dinge im Umfeld einer Freizeit, wie etwa Bustransfer, Fährfahrten etc. und stellen je nach Wunsch und Bedarf Häuser oder Camps zur Verfügung. Um den Inhalt (Programm, Ablauf usw.) sowie das leibliche Wohl kümmern sich die Organisatoren der Freizeit dann allerdings selbst.

Ganz umsonst geht das natürlich nicht, aber die finanziellen Belastungen halten sich in Grenzen.

Unter <http://www.gruppenleiterschulung.de> sind viele geeignete Veranstalter aufgeführt.

Vorbereitungslehrgänge

Um die Betreuer, oder zumindest die, die zum ersten Mal dabei sind, etwas vorzubereiten, sollte nun auch damit begonnen werden, nach brauchbaren Terminen für Gruppenleiterausbildung Ausschau zu halten. In vielen Regionen werden von kirchlichen Verbänden während den Weihnachts- und Osterferien die unterschiedlichsten Seminare (Grund- und Aufbaukurse, Versicherungen, Rechtliches, Kochen, Spiele, Spirituelles uvm.) angeboten. Wenn es schon Betreuer mit Interesse gibt, findet sich sicher etwas Passendes.

Infos über die angebotenen Seminare sollten der Vorstandsschaft oder den Pfarrgemeinden eigentlich vorliegen. Ansonsten gibt es weiter Infos beim Kreisjugendring.

Zeltlager der PSG Irgendwo Sept. 2003
Martina Muster
Demogasse 11
12345 Irgendwo

Forstamt Nirgendwo, Herr Welcher
Im Vorschlag 12
54321 Nirgendwo

Beleganfrage

Sehr geehrter Herr Welcher,
ich möchte Ihnen hiermit mitteilen, daß wir gerne Ihr Haus incl. Zeltplatz im nächsten Jahr buchen möchten!

Termin Vortrupp: (10-12 Betreuer)	**Sa. 24.07.2004 bis Mo. 26.07.2004**	
Termin Freizeit:	**Mo. 26.07.2004 bis** (Anreisetag Kinder)	**Fr. 06.08.2004** (Abreisetag)

Name der Gruppe:	Zeltlager der PSG Irgendwo
Anschrift:	Martina Muster, Demogasse 11, 12345 Irgendwo
Anzahl:	50 Kinder (8-13 Jahre), 12 Betreuer
Anzahl Zelte:	8 Rundzelte

Wir würden uns sehr freuen, wenn Sie uns zusagen und wir unsere Sommerfreizeit auf Ihrem Platz durchführen könnten. Für Rückfragen stehe ich Ihnen unter 0175 / xx yy zz gerne zur Verfügung.

Mit freundlichen Grüßen
Martina Muster

Wichtige Anlage: Beschreibung der Gruppe

Checkliste des Hauses: ....

Anschrift: ....

....

....

Bild / Skizze

Ansprechpartner: ....

....

....

Tel: ....

			Kommentar:
Kosten (pro T & T)		....	....
Anzahl der Betten:		....	....
Aufteilung:		....	....
Mindestbelegung:		....	....
Aufenthaltsräume:		....	....
Toiletten:		....	....
Duschen:		....	....
Küche:	Kühlschrank:	☐	....
Herd:	Elektro:	☐	....
	Holz:	☐	....
	Gas:	☐	....
Vorratsraum:		☐	....
Ortsnähe:		.... km	....
Parkplätze:		....	....
Spielwiese:		☐	....
Zelten möglich:		☐	....
Lagerfeuer:		☐	....
Behindertengerecht:		☐	....

Sonstiges: ....

....

Checkliste des Zeltplatzes: ....

Anschrift: ....

....

.... Bild / Skizze

Ansprechpartner: ....

....

....

Tel: ....

			Kommentar:
Kosten (pro T & T)	....		....
Nebenkosten	....		....
Lage: Lichtung	☐		....
Waldrand	☐		....
Sonstiges	☐		....
Eben?	☐		....
Zufahrt Bus / LKW	☐		....
Spielwiese	☐		....
Anschluß Bus / Bahn	☐		....
Parkplätze:	....		....
Ortsnähe:	....	km	....
Versorgungshaus:	☐		....
Telefon:	☐		....
Trinkwasseranschluß:	☐		....
Toiletten:	....		....
Duschen:	....		....
Mülltrennung:	☐		....
Kompost:	☐		....
Bach:	☐		....
Feuerstelle:	☐		....
Holz:	☐		....

Sonstiges: ....

....

Oktober

Während draußen die Blätter fallen und der Winter vor der Tür steht, heißt es, sich in Sachen Zeltlager einen exakten Überblick der anfallenden Kosten zu verschaffen. Der erste große Ausgabenposten – der Zeltplatz oder das Haus – steht bereits fest. Nun müssen die weiteren Belastungen, aber auch mögliche Geldquellen ermittelt werden. Weiterhin zeichnet sich womöglich schon ein Betreuerteam ab.

An- und Abreise, oder die Frage der Logistik

Generell ist erst einmal zu klären, ob die Betreuer mit den Kindern anreisen, oder ob es vor der Ankunft der Teilnehmer einen Vortrupp gibt. Im Falle eines Vortrupps ist vor allem in einem Zeltlager der Transport des Materials eine nicht zu unterschätzende Aufgabe. Hier tut ein Kleinbus oder ein LKW gute Dienste. Gerade sperrige Gegenstände, wie Zeltgestänge oder Lattenroste sorgen manchmal für Kopfzerbrechen. Zum Glück gibt es aber in fast allen Gemeinden einen netten Unternehmer, der gerne bereit ist, diesen Part zu übernehmen. In diesem Fall halten sich die finanziellen Belastungen (falls überhaupt welche anfallen) in Grenzen: eine Tankfüllung und –natürlich- ein angemessenes Geschenk für den Fahrer.

Für den Transfer der Teilnehmer gibt es je nach Entfernung, Anzahl der Teilnehmer und Art der Freizeitmaßnahme normalerweise nur drei in Frage kommende Möglichkeiten.

Transport durch die Eltern:
Geringe Entfernung
Normale Gepäckmenge

Diese Variante ist natürlich die preiswerteste, hat aber auch zwei Nachteile. Zum einen entfällt das Gemeinschaftserlebnis der Reise, zum anderen verteilt sich die Ankunft der Kinder über einen größeren Zeitraum. Während die ersten bereits ihr Quartier bezogen haben und auf Programm warten, kommen andere gerade erst an. Außerdem wollen die Eltern begrüßt und evtl. herumgeführt werden.

Bustransfer:
Mittlere bis große Entfernung
Große Teilnehmerzahl
Normale Gepäckmenge
Platz für sperrige Teile

Wenngleich diese Reisevariante als eine der teuersten gilt, so ist sie doch die gebräuchlichste. Nicht nur das Reiseerlebnis (aufgelockert durch ein BusQuiz) für die Kinder selbst, auch die zentrale Abfahrt und Rückkehr ist organisatorisch sehr angenehm für alle Beteiligten. Unter Umständen (bei kleineren Gruppen) läßt sich sogar der üppige Gepäckraum für den Materialtransport verwenden. Das erspart den LKW und senkt wiederum die Kosten.

☺ Je nach Zielregion kann es günstiger sein, ein Busunternehmen von dort zu buchen. Außerdem läßt sich womöglich ein Paketpreis vereinbaren, wenn während der Freizeit ein Bus für einen Ausflug benötigt wird.

Hin- und Rückfahrt per Bahn:-
Mittlere bis große Entfernung
Kleine Teilnehmerzahl
Kleine Gepäckmenge
Organisierte Jugendgruppen

Eine Anreise mit der Bahn ist nicht nur ein tolles Gruppenerlebnis, sie kann für entsprechende Gruppen auch sehr preiswert sein. Allerdings sind hierfür erfahrene und aufmerksame Betreuer nötig, damit das Ganze nicht im Chaos endet. Wenn der Zielbahnhof nicht zu weit vom Zeltplatz/Haus entfernt ist, kann bei dieser ersten Wanderung gleich die Umgebung erkundet werden. Das Gepäck könnte allerdings ein kleines Problem darstellen und darf deshalb nicht unterschätzt werden.

Ein Erlebnis der ganz besonderen Art ist es, wenn eine Pfadfindergruppe mit Kluft und Rucksack per Bahn unterwegs ist. Hierfür gibt es fast keine schönere Alternative!

Ganz egal wie die An- und Abreise erfolgt, es sollten immer (!) mindestens zwei Fahrzeuge vor Ort zur Verfügung stehen. Einer für die Küche zum Einkaufen und der Zweite für Notfälle. Dabei muß jedoch beachtet werden, daß auch immer ein PKW am Platz ist. Außerdem sind die Schlüssel an einem zentralen Ort (meist in der Küche) zu deponieren.

Versicherungen

Damit es bei der Durchführung und Organisation von Freizeiten und Zeltlagern kein böses Erwachen gibt (Unfälle, Erkrankungen, Ansprüche Dritter oder Schäden an Reisegepäck und Material) ist es unerläßlig, sich bereits im Vorfeld mit Versicherungen zu beschäftigen, denn Unkenntnis schützt vor Strafe nicht! Getreu diesem Sprichwort bietet z. B. der Jugendhaus Düsseldorf e.V. . <http://www.jugendhaus-duesseldorf.de> hierbei seine Unterstützung an. Aus dem Gesamtangebot sind drei Leistungen besonders hervorzuheben:

Planen, rechnen, schreiben - vorab viel Arbeit für die Betreuer

Ferienversicherung (Kranken-, Unfall-, Haftpflicht- und Rechtsschutzversicherung) für Nichtmitglieder

Gerade in einer Zeit, in der die Kosten sowohl für die Unfallfolgen als auch die Forderungen bei möglichen Ansprüchen Dritter im Rahmen der Haftpflicht ständig steigen, erspart ein entsprechender Versicherungsschutz im Schadensfall hohe finanzielle Belastungen, von dem damit verbundenen Ärger ganz zu schweigen. Bereits wenige Cent pro Tag und Teilnehmer reichen aus, um eine Grundabsicherung zu gewährleisten. Diese Zusatzversicherung wird notwendig, wenn die Teilnehmer nicht schon durch Ihre Mitgliedschaft im Verein versichert sind.

Zusatzversicherung für Aufsichtspersonen

Hierbei handelt es sich um einen Versicherungsschutz (Haftpflicht, Unfall und Rechtsschutz) für namentlich gemeldete Gruppenleiter, die das 14. Lebensjahr vollendet haben und zudem nicht Mitglied des Vereines sind. Versichert ist die ehrenamtliche Tätigkeit als Betreuer und Aufsichtsperson bei allen Veranstaltungen, die im Vorfeld und nach der Ferienfreizeit notwendig sind. Eingeschlossen ist ebenfalls der ununterbrochene Weg zu und von den Veranstaltungen. Geltungsbereich ist die Bundesrepublik Deutschland und die Laufzeit beträgt ein Jahr ab Versicherungsabschluß. Für eine Fortsetzung ist ein neuer Antrag nötig.

Sammelversicherung für Aufsichtspersonen

Unfall-, Haftpflicht- und Rechtsschutzversicherung für einen zahlenmäßig zu erfassenden Personenkreis. Es ist somit keine namentliche Nennung notwendig. Der Versicherungsumfang entspricht in etwa dem der Zusatzversicherung. Der Geltungsbereich ist wieder die Bundesrepublik Deutschland. Bei der Laufzeit gibt es einen entscheidenden Unterschied: sie verlängert sich stillschweigend um ein weiteres Jahr, sofern nicht fristgerecht gekündigt wird.

Insolvenzversicherung für Reiseveranstalter

Nach § 651 k BGB hat ein Reiseveranstalter seit dem 01.11.1994 sicherzustellen, daß dem Reisenden der Reisepreis und evtl. anfallende Reisekosten erstattet werden, wenn die Reiseleistung z.B. aufgrund von Zahlungsunfähigkeit nicht erbracht werden kann.

Die Sicherungspflicht entfällt jedoch, wenn der Reiseveranstalter nur gelegentlich (nicht öfters als zweimal im Jahr) eine Reise durchführt. Aber Achtung, eine Pfarrei zählt als Ganzes! Das heißt: wenn innerhalb einer Pfarrgemeinde mehrere Verbände (Ministranten, KJG, Pfadfinder, usw.) jeweils ein eigenes Zeltlager durchführen, dann sind das bereits mehr als zwei. Sie unterliegen somit alle der Insolvenzversicherungspflicht!

Vollkaskoversicherung für Privatfahrzeuge

Wenn Privat- PKW während der Freizeit zum Einsatz kommen, sollten diese auf jeden Fall Vollkasko versichert werden. Vorausgesetzt, es besteht nicht schon ein solcher Versicherungs-schutz.

Bei aller Absicherung sollte aber eines stets klar sein: eine Versicherung ist kein Freibrief für fahrlässiges Verhalten!

Aufsichtspflicht

Keine Angst, damit ist nicht gemeint, daß der Betreuer den ganzen Tag alle Kinder im Auge behalten muß. Er sollte allerdings das erforderliche Maß an Verantwortung und Einschätzungsvermögen mitbringen.

Entsprechend den Umständen muß abgewägt werden, ob die "Betreuten" an der langen Leine zu führen sind (Geländespiel in einem bekannten, ungefährlichen Waldstück), oder ob absolute Sorgfalt notwendig ist (Wanderung in den Bergen oder an einer stark befahrenen Straße). In so einem Fall ist es unerläßlich, bei Beginn der Aktion eine entsprechende Belehrung durchzuführen.

Auch ist entscheidend, ob ein Betreuer seine Gruppe "im Griff" hat, oder ob sie macht, was sie will. Es kann bei Problemen unter Umständen sinnvoller sein, eine Aktion abzubrechen, als sie, hervorgerufen durch Selbstüberschätzung, durchzuziehen.

Auf den Punkt gebracht: der Betreuer muß seine Funktion so ausüben, daß weder ein von ihm Betreuter, noch ein Dritter durch einen von ihm Betreuten zu Schaden kommt!

Um dies zu erreichen, ist er verpflichtet:

- klare und richtige Anweisungen zu geben
- deren Einhaltung und Ausführung zu überwachen
- bei Bedarf mahnend einzugreifen und notfalls Konsequenzen bei Mißverhalten zu ziehen.

Das Thema "Versicherung und Rechtliche Risiken" hier noch ausführlicher zu behandeln, würde wohl den Rahmen sprengen. Außerdem gibt es gute Bücher und Internetseiten, die sich ausschließlich mit diesem Thema befaßt.

- *Aufsichtspflicht, Haftung, Versicherungen für Jugendgruppenleiter* von Günter Mayer, erschienen im WALHALLA Fachverlag. Unter ISBN 3-8029-7438-7 kann es im Buchhandel bezogen werden.
- *Im Auge behalten* vom jugendhaus Düsseldorf e.V. Im Buchhandel unter ISBN 3-7761-0093-1, oder direkt beim jugendhaus, Carl-Mosterts-Platz 1, 40477 Düsseldorf.

<http://www.gruppenreiseversicherung.de> Auf dieser Homepage werden Versicherungen für Nonprofit- Organisationen (z.B. für Jugendarbeit, Sport, Kultur, Schule, Vereine, Kirche, Bildung, ...) untersucht und die Leistungen und Prämien verschiedener Anbieter verglichen.

Wer die Absicht hat, eine Freizeit oder ein Zeltlager durchzuführen, sollte sich lieber früher als später ausführlich mit diesem Thema befassen.

Zuschüsse

Neben dem Teilnehmerbeitrag stellt der Zuschußposten die wohl größte Einnahmequelle da.

Unterstützung durch die öffentliche Hand kann zum einen durch die Stadt, den Kreis oder das Bundesland erfolgen. Weiterhin gibt es vielfältige Förderungsmöglichkeiten bei den kirchlichen Verbänden. Selbst die eigenen Verbände stellen manchmal finanzielle Unterstützungen für Ferienfahrten zur Verfügung.

Das Ganze bringt zwar eine Menge an Arbeit mit sich, aber es zahlt sich im wahrsten Sinne des Wortes aus. Die Zuschüsse sind nicht unerheblich und können schon mal 10 bis 20 % der Gesamtkosten abdecken. Aber Achtung, von Region zu Region ist die Höhe der Zuschüsse sehr unterschiedlich, und sie ändert sich ständig.

Zuerst gilt es sich einmal einen Überblick zu verschaffen. Wer kommt für die eigene Ferienfahrt als Förderer in Frage und wo gibt es Informationen hierüber. Ansprechpartner für die kommunalen Förderungen ist die Stadt/Gemeinde und das zuständige Landratsamt/Jugendamt. Kirchliche Jugendgruppen wenden sich am besten an die örtliche Pfarrei, den Kreisjugendring oder an die zuständigen

Personen im Dekanat oder der Diözese/Bistum. In den einzelnen Verbänden (Sportverein, Feuerwehr, Rotes Kreuz usw.) sind die Jugendwarte die kompetenten Informationsquellen.

So unterschiedlich die Maßnahmen sind, so unterschiedlich sind auch die Bezugsquellen und -bedingungen. Was aber alle benötigen ist ein Verwendungsnachweis in Form von Teilnehmerlisten, die Darstellung inhaltlicher Ziele und/oder eine detaillierte Kostenaufstellung.

Leider ist es an dieser Stelle nicht möglich, eine allgemein gültige Vorgehensweise zu empfehlen. Weder auf bundesweiter, noch auf landesweiter Ebene gibt es einheitliche Richtlinien. Selbst von Landkreis zu Landkreis ist die Höhe der Zuschüsse ganz unterschiedlich.

Da hilft nur eines: die Amtsstuben stürmen und die zuständigen Beamten solange löchern, bis sie ihre Unterstützung zusagen.

Sponsoring

Neben den Zuschüssen ist dies ebenfalls eine lukrative Einnahmequelle, wenn auch nicht ganz so ergiebig. Mit relativ wenig Aufwand läßt sich hierbei so mancher Euro einnehmen bzw. einsparen.

Die Eltern.

Gerne sind sie bereit, den Kindern ein Glas Brotaufstrich, Marmelade oder Kuchen mit ins Lager zu geben. Auch Gemüse aus dem heimischen Garten ist in der Küche jederzeit willkommen. Das sind zwar nur Kleinigkeiten, aber die Summe machts! Ein kleiner Hinweis im letzten Elternbrief genügt.

Firmen.

In finanzieller Hinsicht durchaus interessant. Gerade Materialspenden für spezielle Programmpunkte (Fuß- oder Volleybälle, Bastelmaterial oder auch Lebensmittel). Allerdings nur dann sinnvoll, wenn ein persönlicher Kontakt besteht. Denn das berühmte "Klinkenputzen" ist hier nicht gemeint, das praktizieren schon so viele, daß die Gewerbetreibenden unter Umständen genervt reagieren könnten.

Der eigene Verein.

Unter Umständen läßt sich die Vorstandsschaft zu einer kleinen Spende überreden. Vor allem aber die finanzielle Rückendeckung durch den Verein ist nicht hoch genug einzuschätzen.

Der Pfarrer, die Pfarrei.

Hier gilt im Prinzip das gleiche wie bei einem Verein. Jedoch kommt hier noch die Möglichkeit einer Kollekte hinzu.

Weiterhin haben Ferienenthusiasten natürlich noch eine Vielzahl von Möglichkeiten, um ihre Kasse aufzubessern. Aktionen wie:

- die Teilnahme an Flohmärkten,
- Autowaschtage oder
- Kuchenverkauf nach der Sonntagsmesse

sind nur ein paar wenige Beispiele. Der Phantasie sind hier fast keine Grenzen gesetzt.

Das Betreuerteam, wer kann mit wem?

Unter den vielen Faktoren, die zum Gelingen eines Zeltlagers oder einer Freizeit beitragen, spielt die Zusammensetzung des Teams ohne Zweifel eine tragende Rolle. Schließlich gilt es unter Umständen bis zu zwei Wochen auf engstem Raum im Dauerstress zusammenzuarbeiten. Da kommt es schon mal zur Überforderung einzelner Mitarbeiter.

Besonderer Aufmerksamkeit bedarf es bei:

- neuen, unerfahrenen Betreuern
- gesundheitlich angeschlagenen Betreuern
- sehr schwierigen Teilnehmern in einer Gruppe
- extremen Witterungsumständen
- "Verschleißerscheinungen" wie zu wenig Schlaf, vor allem in der zweiten Woche.

In solchen Momenten muß das Team zeigen, zu was es im Stande ist. Dann helfen kein Druck und keine Vorwürfe. Gemeinsam muß in aller Ruhe z.B. während einer Reflexion sachlich nach Lösungen gesucht werden. Gelegentlich reicht schon, wenn die Lagerleitung im richtigen Augenblick ein gewisses Maß an Ruhe und Gelassenheit ausstrahlt und auf die Umstände entsprechend reagiert.

Nach einem unerwarteten, zeltlagertypischen Überfall mitten in der Nacht ist es sicher besser, am folgenden Tag nicht stur auf die Durchführung der geplanten

Tageswanderung zu bestehen. Lieber cool bleiben und ins Schwimmbad gehen. Das tut allen gut und die Lage entspannt sich wieder.

Eines muß jedoch klar sein, das ideale Team gibt es nicht! Und das ist auch gut so! Immerhin lebt jedes Team von den unterschiedlichen Charakteren, Fähigkeiten und Neigungen jedes einzelnen. Gerade darin besteht die Chance ein lebendiges Programm und Lagerleben zu entwickeln.

Von Vorteil kann es aber sein, wenn:

- sich bereits einige der Betreuer untereinander kennen
- der Altersunterschied nicht zu groß ist
- ein Mindestmaß an Sympathie und Vertrauen vorhanden ist
- die Betreuer über ein gesundes Selbstbewußtsein und über Toleranzbereitschaft verfügen
- jeder bereit ist, sich einzubringen
- über grundsätzliche Dinge wie Leitungsstil, die Akzeptanz von Teambeschlüssen oder der Umgang mit Drogen Konsens herrscht
- wenn die Aufgaben klar verteilt sind
- jeder bereit ist bei Bedarf seine eigenen aktuellen Interessen der Lagergemeinschaft unterzuordnen
- die Anzahl der Betreuer in einem gesunden Verhältnis zur Teilnehmerzahl steht
- eine Ausgewogenheit an Erfahrung existiert, weil sich manche sonst bevormundet fühlen könnten.

Noch ein Wort zur Qualifikation der Betreuer. Eine Schablone für den idealen Betreuer gibt es genau so wenig wie für das ideale Team. Ein paar Spiele im Hinterkopf und etwas Phantasie sind nicht ausreichend, um bei der Mitwirkung in einer Ferienfreizeit Furore zu machen.

Es bedarf aber auch keines pädagogischen Hochschulstudiums, wichtiger ist die Bereitschaft in der Gruppe zu arbeiten und die Fähigkeit, die Psyche eines Kindes ein wenig zu verstehen. Einfühlungsvermögen, Aufmerksamkeit und die Bereitschaft, die Belange der Kinder ernst zu nehmen stehen im Vordergrund.

Selbstverständlich ist es von Vorteil, wenn jemand vom Fach dabei ist. Gerade dann kann das ganze Team in Krisensituationen von der Erfahrung und dem Know How profitieren.

Freizeit-Girokonto

Um bei den ganzen Zu- und Abgängen überhaupt noch den Überblick zu behalten, ist es ratsam, ein eigenes Girokonto zu eröffnen. Wer dies anzweifelt, wird spätestens bei der Abrechnung merken, wie wichtig das gewesen wäre.

☺ Auch hier lohnt sich ein Preisvergleich zwischen den einzelnen Geldinstituten. Außerdem ist so manche Bank auch bereit, eine kleine Spende zur Kontoeröffnung beizusteuern.

Das erste Betreuertreffen.

Pfadfinder, Jugendgruppen: Das erste Treffen ist hier nicht so wichtig, da sich die Betreuer innerhalb der regelmäßigen Gruppenstunden sowieso ständig sehen. Somit ist jeder über den aktuellen Stand informiert oder kann bei Bedarf seine Belange einbringen.

Lose Gruppierungen: Ganz anders ist es, wenn sich die Beteiligten wenig oder noch gar nicht kennen. Das ist immer dann der Fall, wenn die Betreuerwerbung durch Mundpropaganda, Aushänge oder einen Artikel in der Lokalpresse stattgefunden hat. Es wird zwar immer welche geben, die sich schon mal über den Weg gelaufen, oder bereits befreundet sind, aber untereinander sind sich die meistens dann doch fremd.

In diesem Fall ist es von Vorteil, wenn das erste Treffen in lockerer Runde stattfindet, z.B. in einer gemütlichen Umgebung bei einem Glas Wein oder einer Cola. Als "Anschuggerle" eignen sich besonders Bilder und Berichte (z.B. die Lagerzeitung) vom letzten Lager. Anhand dessen lernen die "Neuen" recht schnell kennen, auf welches Abenteuer sie sich einlassen.

Zeltlager XYZ
Martina Muster
Demogasse 11
12345 Irgendwo

Okt. 2003

Bustouristik ABC
Woandersplatz 18
54321 Nirgendwo

Bustransfer Zeltlager / Freizeit

Sehr geehrte Damen und Herren,
bitte erstellen Sie uns ein Angebot für die Hin- und Rückfahrt für das Zeltlager der PSG Irgendwo. Wir sind eine Pfadfindergruppe, bestehend aus ca. 45 Kindern und sieben Betreuern.

Hinfahrt:

Termin:	26.07.2004 (Montag)
Uhrzeit:	10.00 Uhr
Abfahrtsort:	Irgendwo, Marktplatz
Fahrziel:	Schönwald, Zeltplatz Weißenbachtal

Rückfahrt:

Termin:	06.08.2004 (Freitag)
Uhrzeit:	14.00 Uhr
Abfahrtsort:	Schönwald, Zeltplatz Weißenbachtal
Fahrziel:	Irgendwo, Marktplatz

Für Rückfragen stehe ich Ihnen unter 0175 / xx yy zz gerne zur Verfügung.

Mit freundlichen Grüßen
Martina Muster

November

Ziel dieses Monats ist die Verteilung der Ausschreibung incl. der vorläufigen Anmeldung. Bis dahin ist es allerdings noch ein weiter Weg. Zum einen ist da die Sache mit der Öffentlichkeitsarbeit. Wie oft und in welcher Weise wird z.B. über die Presse informiert? Stehen noch weitere Infomöglichkeiten zur Verfügung? Zum andern müssen Einnahmen und Ausgaben erfaßt werden und es ist ein Teilnehmerbeitrag festzusetzen; daß der nicht zu hoch ausfallen darf, versteht sich von selbst! Daher steht eines am Anfang: Die Kalkulation!

Die Kalkulation

Die nachfolgende Musterkalkulation ist nicht etwa das Produkt einer theoretischen Annahme, sondern war 2002 die Grundlage für eine zweiwöchige KJG-Sommerfreizeit im Nordschwarzwald. Die Anzahl der Teilnehmer lag bei 49 Kindern und insgesamt 16 Betreuern. Untergebracht waren die Teilnehmer zum Teil in einem Haus mit Aufenthaltsraum, Toiletten / Duschen und einer Küche. Zusätzlich waren drei Zelte für zwei Gruppen mit jeweils 6 Kindern und einem Betreuer aufgestellt. Es handelte sich um ein Selbstversorgerlager. Für die Anreise betrug die einfache Entfernung 150 km.

Verwendung		Bemerkung	Betrag €
1.	Unterkunft	€ 2,40 x 11 Tage x 65 Teiln.	1.716,00
		Pauschale für Vortrupp	104,00
	Nebenkosten	Strom / Wasser / Müll	
		Erfahrungswert	300,00
2.	Zeltmiete	Entsprechend Anfrage	150,00
3.	Transferbus	Laut Auftragsbestätigung	730,00
4.	Versicherungen	Ferienversicherung	
		Insolvenzversicherung	
		Zusatzversicherung	400,00
5.	Fahrtkosten	Erfahrungswert	500,00
6.	Lebensmittel	€ 3,80 x 12 Tage x 65 Teiln.	2.900,00
7.	Investitionen	incl. Geschenke für Betreuer	300,00
	Tücher + T-Shirts	Für Teilnehmer und Betreuer	185,00
	Bastelmaterial	Entsprechend Programm	350,00
	Eintritt, Ausflug...	Schwimmbad, Museen...	500,00
	Sonstiges	Post, Büro	667,00
Summe der Ausgaben:			**8.802,00**
8.	Zuschüsse	49 Teiln. x 11 Tage x € 2	1.078,00
		9 x 12 x 0,50 Euro	54,00
9.	Teilnehmerbeitrag	32 x 160 Euro	5.120,00
		17 x 150 Euro	2.550,00
Summe der Einnahmen:			**8.802,00**

Erläuterungen:

Punkt 1: Unterkunft / Nebenkosten

Diese Kosten sind recht einfach zu ermitteln. Entsprechend dem Mietvertrag werden die planbaren Kosten (Mietkosten, Endreinigung) erfaßt und in die Kalkulation übernommen. Verbrauchsabhängige Kosten (Strom, Wasser, Heizkosten...) sind großzügig zu schätzen oder entsprechende Erfahrungswerte zu übernehmen.

Punkt 2: Zeltmiete

In der vorliegenden Musterfreizeit wurden zusätzlich drei Zelte angemietet. Hierfür wurde zuvor ein Festpreis von 50 Euro pro Zelt vereinbart.

Punkt 3: Bustransfer

Wie erwähnt, gibt es für den Transport der Teilnehmer mehrere Möglichkeiten (Eltern, Zug, Bus). Im Kalkulationsbeispiel wurde der Bustransfer gewählt, da die einfache Entfernung von 150km für die Eltern zu weit war und eine geeignete Zugverbindung fehlte. Anhand der eingeholten Angebote wurde der günstigste Busunternehmer ausgewählt. Liegen noch keine Angebote vor, kann auch mit einer Kilometerpauschale von ca. 1,30 Euro pro gefahrenem Kilometer kalkuliert werden.

☺ Der preisgünstigste Busunternehmer muß nicht unbedingt auch der beste sein. Durch den Einsatz von ungeeigneten Fahrzeugen (Qualität, Linienbusse, schlecht gelaunte Busfahrer) kann die Anreise und damit auch der erste Eindruck der Ferienmaßnahme durchaus in ein schlechtes Licht geraten. Wenn möglich auf Erfahrungen anderer zurückgreifen oder nachfragen.

Punkt 4: Versicherungen

Ferienversicherung für Nichtmitglieder

Sie wird für alle Teilnehmer abgeschlossen. Grundlage für diese Versicherung ist eine namentliche Nennung vor Beginn der Ferienfahrt. Ergeben sich kurzfristig Änderungen, so müssen diese nachgemeldet werden. Prämienbeispiel:
49 Teilnehmer x 12 Tage x 0,28 Euro = 164,64 Euro

Insolvenzversicherung

Muß nur für die zahlenden Teilnehmer abgeschlossen werden, wobei hier nur die Gesamtzahl gemeldet werden muß. Eine namentliche Nennung entfällt somit.
Prämienbeispiel: 49 Teilnehmer x 0,50 Euro = 24,50 Euro

Zusatzversicherung, alternativ Sammelversicherung
Wird nötig, wenn die Betreuer nicht über die Mitgliedschaft im Verband versichert sind. Sie umfaßt alle Veranstaltungen während eines ganzen Jahres und die Betreuer (Mindestalter 14 Jahre) sind namentlich zu nennen. Kommt ein neuer Betreuer hinzu, oder es fällt einer aus, muß diese Änderung gemeldet werden.
Prämienbeispiel: 16 Betreuer x 1,95 Euro = 31,20 Euro

Somit ergibt sich eine Versicherungssumme von 220,34 Euro. Da aber zu diesem Zeitpunkt noch nicht feststand, ob alle Betreuer- PKWs über eine Vollkaskoversicherung verfügen, wurde eine entsprechende Sicherheit mit eingeplant.

Punkt 5: Fahrtkosten

Generell ist es gar nicht hoch genug zu honorieren, wenn Betreuer Ihr eigenes Fahrzeug zur Verfügung stellen. Daher ist es auch nicht zu verstehen, daß in manchen Fällen nur die anfallenden Treibstoffkosten bezahlt werden. In allen Organisationen gibt es offizielle Kilometersätze, mit denen sollte auch gearbeitet werden!

Für die Fahrzeuge der Küche und der Lagerleitung müssen neben der Anreise noch 300-500km vor Ort hinzugerechnet werden. Für jeden weiteren PKW (max. zwei weitere) genügen 100km, da sie nur im Notfall benutzt werden.

Punkt 6: Lebensmittel

Erfahrene Lagerköche können schnell abschätzen, welche Kosten bei der Verpflegung einer hungrigen Meute auf sie zukommen. Ob beim Bäcker im nächsten Dorf oder im Discountladen, dazwischen liegen finanzielle Welten. Da heißt es schon mal Preise vergleichen und abwägen. Wer mit einem Tagessatz von ca. 4 Euro pro Teilnehmer kalkuliert, liegt aber im Normalfall auf der sicheren Seite.

Punkt 7: Investitionen, Bastelmaterial, Eintritt, sonstiges

Hier muß die meiste Vorarbeit geleistet werden. Anhand eines vorläufigen Programmes sind die vermutlichen Kosten zu ermitteln.

Eine nicht unwichtige Sonderrolle spielt hierbei der Posten "sonstiges". Er dient zusätzlich als Puffer für die Ermittlung des Teilnehmerbeitrages. Zuerst wird ein Wert von, in diesem Fall 600 Euro angesetzt und später so korrigiert, daß beim Teilnehmerbetrag ein gerader Wert zustande kommt.

Punkt 8: Zuschüsse

Bisher wurden nur die geplanten Ausgaben betrachtet. Um einen sinnvollen Teilnehmerbeitrag zu erhalten, werden nun die Einnahmen gegengerechnet. An erster Stelle stehen hier die zu erwartenden Zuschüsse. Allerdings muß auch klar sein, daß diese Zuschüsse später auch wirklich gezahlt werden. Im Zweifelsfall nachhaken und fragen.

In der Beispielkalkulation gab es Zuschüsse von kirchlicher Seite (Landesjugendplan / Jugenderholung und Stadtjugendring) in Höhe von 1.132 Euro. Als weitere mögliche Einnahmenquellen könnten hier noch Spenden, Kollekten oder Einnahmen durch Sonderaktionen (Basteln für den Weihnachtsmarkt, usw.) folgen.

Punkt 9: Teilnehmerbeitrag

Wie in kirchlichen Ferienfreizeit oft üblich, erhalten Kinder, die in einer entsprechenden Organisation (Ministranten, KJG, Kolping, usw.) Mitglied sind, ein Ermäßigung von z.B. 10 Euro. Der Anteil an Mitgliedern und Nichtmitgliedern muß geschätzt werden. Was bleibt ist reine Mathematik und läßt sich durch eine einfache Rechnung mit zwei Unbekannten ermitteln. Beim ersten Durchlauf werden sich normalerweise noch zwei ungerade Zahlen ergeben. Hier kommt dann der Pufferposten "sonstiges" ins Spiel. Der wird einfach so abgeändert, daß die Teilnehmerbeträge einen geraden Wert ergeben.

☺ Aufmerksamen Lesern ist sicherlich nicht verborgen geblieben, daß die Betreuer hier nichts zuzahlen müssen. Das ist auch gut so, denn durch ihre ehrenamtliche Arbeit leisten sie einen erheblichen Beitrag, so daß dies mehr alsgerechtfertigt ist.

Freizeitmotto

Viele Veranstalter entscheiden sich dafür, ihre Freizeit unter ein Lagermotto zu stellen, das sich wie ein roter Faden durch alle Programmangebote zieht. Dabei sollte das Motto aber eine breite Handlungsvielfalt bieten. Denn was nützt das schönste Motto, wenn es sich nicht umsetzen läßt.

So können z.B. Spiele umfunktioniert (aus der klassischen Lagerolympiade wird ein Ritterturnier) und die Kleidung kann angepaßt werden. Die gemeinsamen Mahlzeiten werden zu einem ganz neuen Erlebnis, wenn exotischen Speisen stilecht mit Stäbchen oder gar mit den Händen gegessen werden. Die Kinder haben dadurch die Möglichkeit, während der Freizeit in eine ganz andere Welt abzutauchen. Auch bieten viele Mottos die Möglichkeit, sich im Zeltlager mit der Umwelt auseinanderzusetzen. In Workshops wie "Papier und Kosmetika selbst herstellen" oder "Basteln mit Naturmaterial" können die Teilnehmer Natur mal ganz anders erleben.

☺ Das Motto muß nicht unbedingt schon im Vorfeld bekannt gegeben werden. Unter Umständen kann es viel interessanter sein, das Motto erst im Lager bekannt zu geben. Während eines von den Betreuern aufgeführten Theaterstückes läßt sich z.B. die Spannung wunderschön steigern, bis am Ende das Motto feststeht.

Ausschreibung

Eine gute Werbung ist der erste Schritt zum Erfolg. Zum einen spielt dabei die visuelle Aufmachung (guter Stil, Professionalität) eine große Rolle, zum anderen ist der seriöse Auftritt in der Öffentlichkeit nicht zu unterschätzen. Für dieses Ziel stehen mehrere "Werkzeuge" zur Verfügung:

Mundpropaganda

Die älteste und zugleich effektivste Methode für Jugendgruppen Werbung zu machen. Ohne finanziellen Aufwand können hierbei sehr viele Eltern informiert werden.

Werbeplakat

Ein weiteres preiswertes Werbemittel. Gestalterisch gibt es (fast) keine Grenzen. Hauptsache bunt und auffällig! Wenn es nicht so groß ausfällt (maximal A3) eignet es sich für Schaufenster und das schwarze Brett im Vereinsheim.

Handzettel / Flyer

Sie bilden praktisch ein erstes Spiegelbild der Ferienfreizeit. Vom einfachen Faltblatt bis hin zur künstlerisch ausgearbeiteten Präsentation steht der Phantasie nichts im Wege. Egal welche Möglichkeiten auch zur Verfügung stehen, ein "Hingucker" sollte es schon werden, denn der erste Eindruck ist von großer Bedeutung. Zusätzlich zum werbetechnischen Teil sollte dem Handzettel noch eine vorläufige Anmeldung (siehe Muster am Ende des Kapitels) beiliegen.

Diese Flyer werden zuerst an alle Teilnehmer des Vorjahres verschickt. Schließlich sollten die ein Vorbelegungsrecht haben. Kurze Zeit später (Anfang

Dezember) werden zusätzliche Flyer an zentralen Punkten (Kirche, Vereinsheim, Stadtverwaltung oder zentral gelegenen Geschäften) ausgelegt. So sind sie ständig präsent und werden nicht übersehen.

☺ Unter Umständen gibt es im Umfeld der Betreuer einen hilfsbereiten Unternehmer, bei dem die Handzettel kostengünstig oder gar umsonst kopiert werden können. Ansonsten ist das Pfarramt und Jugendbüro eine gute Anlaufstation.

Presseartikel

Parallel zu den Handzetteln wird dann auch ein kurzer Artikel in der regionalen Presse über die geplante Maßnahme erscheinen. Ohne viel unnötiges Blabla sollen die Eltern noch vor den Weihnachtsfeiertagen darüber informiert werden, um den Urlaub des nächsten Jahres in aller Ruhe planen zu können.

Inhalt des Artikels:

Wer?	Welche Gruppe, Verein.. veranstaltet die Freizeit?
Was?	Zeltlager? Hausfreizeit? Kanutour?
Wann?	Start und Ende der Freizeit.
Wo?	Zielort mit Angabe der Region.
Infos unter:	Ansprechpartner, Telefonnummer.

Mädchenfreizeit in den Sommerferien
Die Pfadfinderinnenschaft St. Georg (PSG) der Stadt Irgendwo veranstaltet eine Freizeit für Mädchen im Alter von 8-14 Jahren. Vom 28. Juli bis 14. August beziehen die Teilnehmerinnen auf dem Zeltplatz Weißenbachtal in Schönwald/Schwarzwald ihr Quartier. Anmeldungen und Informationen bei Martina Muster, Telefon 0175 / x yy zz

In diesen wenigen Zeilen ist alles enthalten, was die Eltern wissen müssen und die Wahrscheinlichkeit, daß die Info gedruckt wird, ist sehr groß.

☺ **Pressearbeit:** Auch wenn die Aktion noch so klein erscheint (z.B. das Vortreffen der Betreuer im Vereinsheim), so sollte auf jeden Fall eine kleine Info in der örtlichen Presse erscheinen. Ständige Pressepräsenz führt langsam aber sicher zu einem hohen Bekanntheitsgrad!

Vorläufige Anmeldung

Hiermit melden wir unsere(n) Tochter/Sohn

Name	:	....
Straße	:	....
Plz, Ort	:	....
Geburtsdatum	:	....
Telefon	:	....
zur Freizeit des/der	:	....
nach	:	.... an.

Die Freizeit findet statt	von :	**Montag,**	**den 26.07.04**
	bis :	**Freitag,**	**den 06.08.04**

Folgender Teilnehmerbeitrag wird erhoben:

1. Für Mitglieder	:	**150,00 Euro**
2. Für Nichtmitglieder	:	**160,00 Euro**

....	....
Datum	Unterschrift eines Erziehungsberechtigten

Nach Eingang dieser vorläufigen Anmeldung erhalten sie innerhalb der nächsten Wochen eine Anmeldebestätigung mit allen weiteren Unterlagen.

Falls sich bis dahin bereits Fragen ergeben sollten, stehen wir Ihnen unter der Telefonnummer 0175 / xx yy zz gerne zur Verfügung.

i.A. Martina Muster

Dezember

Advent, Advent, ein Lichtlein brennt........

Die Tage werden kürzer und die Weihnachtsmärkte prägen mehr und mehr das Bild der Innenstädte. Zeit zur Besinnung! Zeit aber auch, um wie bereits erwähnt den Urlaub fürs kommende Jahr zu planen. Und da gehört natürlich auch die Ferienfreizeit dazu! Da die Vereinsmitglieder oder Teilnehmer der vergangenen Freizeit bereits vorab informiert wurden, gibt es vermutlich auch schon die ersten Rückmeldungen der Eltern. Sofern es abzusehen ist, daß die zu erwartenden Anmeldungen noch nicht ausreichen, können nun die vorbereiteten Handzettel-, Plakat- und Presseaktionen gestartet werden.

Zweites Betreuertreffen

Diente das erste Treffen noch mehr dem gegenseitigen Kennenlernen und Erfahrungsaustausch, so gibt es nun schon konkretere Ziele. Nach dem Ermitteln der Fähigkeiten und Neigungen der einzelnen Betreuer sollten abschließend die verschiedenen Aufgaben vergeben werden.

Weiterhin sollte im Interesse der Kalkulation (Kilometerkosten, Versicherung, usw.) festgestellt werden, wer seinen Privat-Pkw mit auf die Freizeit nehmen wird.

Am Beginn des Treffens steht die traditionelle Vorstellungsrunde. Hier nennt jeder seinen Namen, sein Alter, was er beruflich macht, evtl. seine Hobbys und vor allem, warum es ihn drängt mitzugehen. Eine kommunikativere Variante ist die Methode des gegenseitigen Interviews, wobei sich jeweils zwei unbekannte Betreuer gegenseitig interviewen. Egal ob dies frei abläuft oder die Fragen vorgegeben sind (siehe auch Talente- Sammlung im Anschluß), das Thema der "Mitfahrmotivation" sollte etwas ausführlicher behandelt werden. Anschließend stellt dann jeder den anderen vor.

☺ Die Talente- Sammlungen sind eine gute Basis für die Lagerleitung um sich jederzeit einen Überblick über die Begabungen und Vorlieben der Betreuer zu verschaffen. Aber auch um zu erkennen, wo noch Nachholbedarf besteht.

Aufgabenverteilung

Genauso vielfältig wie die unterschiedlichen Fähigkeiten und Neigungen der Betreuer sind auch die verschiedenen Aufgabenbereiche in einem Zeltlager oder einer Ferienfreizeit. Es hat sich gezeigt, daß es für alle Beteiligten von Vorteil ist, wenn die Aufgaben klar vergeben werden. Jedoch ist zu beachten, daß jeder Betreuer gleichmäßig belastet wird und vor allem die Kinder nicht unter den Aufgaben leiden.

Es wird aber trotzdem noch Grauzonen geben, für die sich niemand zuständig fühlt. Normalerweise sind das dann typische Tätigkeiten für die Lagerleitung. Sie sollten sich daher den "Blick für´s Nicht-Gemachte" erhalten und bei Bedarf eingreifen oder delegieren.

Aber auch deren Akku ist irgendwann mal leer! Daher ist es sicher besser, wenn sich Freiwillige finden. Fragen wie "Kann ich noch was machen" sind schließlich in jedem Lager herzlich willkommen.

Auch wird es immer wieder mal Momente geben, in denen eine "Abteilung" überlastet ist. Dann kann es schon notwendig sein, daß z.B. einige Betreuer bei der Arbeit in der Küche helfen oder im Gegensatz dazu das Küchenpersonal bei einem Spiel mitarbeitet.

Die Aufgaben im Einzelnen

Der Finanzminister / Lagerbank

Wie im richtigen Leben eine extrem wichtige Tätigkeit! Daher muß(!) dies ein Mitglied der Lagerleitung übernehmen. Die Aufgabe beginnt mit der der Kalkulation und endet mit der Abrechnung! Daher überwacht er ständig die Ausgaben während der Freizeit und führt das Kassenbuch (siehe Abrechnung am Ende des Kapitels). Auch führt er die Lagerbank. Das bedeutet, er sammelt bei der Ankunft oder schon während der Fahrt das Taschengeld der Teilnehmer ein und führt darüber eine Liste. Während der Freizeit gibt es dann Kassenstunden, in denen die Teilnehmer bei Bedarf kleinere Beträge abheben können. Dieses Vorgehen hat sich in vielen Freizeiten hervorragend bewährt, denn leider gibt es in fast allen Lagern einige Zeitgenossen, die sich gerne mal aus fremden Geldbörsen bedienen. Die Lagerbank kann das zwar nicht verhindern, aber der Schaden wird immerhin klein gehalten.

☺ Eine nette, zugleich aber auch arbeitsintensive Idee sind Sparbücher für die Teilnehmer. Jedes Kind erhält am Anfang der Freizeit ein kleines Sparbuch, in das alle Kontobewegungen eingetragen werden.

Der Sanitäter / Erste Hilfe

Prinzipiell sollte es sich hierbei, sofern möglich, um einen Fachmann (medizinische Ausbildung oder ausgebildeter Sanitäter) handeln. Falls es im Team noch keine geeignete Person gibt, findet sich sicher jemand, der gerne bereit ist, einen geeigneten Kurs (z.B. Erste Hilfe bei Kindern bzw. im Zeltlager) zu besuchen. Denn eines muß im Interesse der Teilnehmer klar sein: ohne einen Ersthelfer geht es nicht! Seine Aufgabe umfaßt neben der Pflege der Lagerapotheke auch die Kontrolle von Erste- Hilfe- Tasche und -Koffer. Verletzt sich ein Kind, übernimmt er die erste Hilfe und begleitet den Verletzten zum Arzt (grundsätzlich sollte der Besuch beim Arzt lieber einmal zu oft stattfinden als zu wenig). Ebenfalls überwacht er die Einnahme von vom Arzt verordneten Medikamenten bei kranken Kindern.

📖 Erste Hilfe, MartinSchepers, ISBN 3-89392-139-7, € 7,90

Das Küchenteam

Ein Kochkurs entlastet das Küchenteam

Wie in jedem Haushalt spielt die Küche auch während einer Ferienfreizeit eine tragende Rolle. Sie ist in hohem Maß mitverantwortlich für das körperliche und seelische Wohlbefinden der Gemeinschaft. So wird ein verregneter Tag durch eine leckere Mahlzeit durchaus erträglich. Wobei ein verkorkster "Fraß" einen noch so schönen Sommertag mit herrlichem Programm verderben kann. Es sollte hier also nicht experimentiert werden! Weder beim Personal, noch bei der Zubereitung der Mahlzeiten! Auch darf sich die Ernährung nicht nur auf Teigwaren oder Konserven beschränken.

Basis für eine ausgewogene Kost ist der Speiseplan, der beim Vorbereitungswochenende vom Küchenteam ausgearbeitet wird.

Während der Freizeit ist ein ständiger Kontakt zur Lagerleitung Voraussetzung für einen einwandfreien Ablauf. Bei den regelmäßigen Leiterrunden darf ein Vertreter der Küche auf keinen Fall fehlen. Nur so kann die Küche auf kurzfristige Änderungen des Programmes reagieren. Außerdem ist die genaue Einhaltung der Essenszeiten für beide Seiten enorm wichtig.

Die täglichen Einkaufsfahrten gehören genauso zu den Aufgaben der Küche, wie der eigenverantwortliche Umgang mit dem Budget und der Küchenabrechnung.

Wichtig: Infektionsschutzgesetz (IfSG): Am 01.01.2001 hat das Gesetz zur Verhütung und Bekämpfung von Infektionskrankheiten das alte Bundesseuchengesetz abgelöst. Es setzt hauptsächlich auf Prävention und Stärkung der Eigenverantwortlichkeit, entläßt aber niemanden aus der Pflicht, zur gewissenhaften Vorsorge und ggf. Einleitung der notwendigen Maßnahmen.

Für die Jugendarbeit wichtig ist die Anwendung des Gesetzes auf sog. "Gemeinschaftseinrichtungen" in denen Kinder und Jugendliche betreut werden; und dazu gehören auch Ferienfreizeiten und Zeltlager.

Rechtzeitig vor Beginn der Maßnahme sollte das komplette Küchenteam beim zuständigen Gesundheitsamt an einer entsprechenden Belehrung nach §42 und §43 des IfSG teilnehmen.

Der Spielewart

Zu seinen Hauptaufgaben gehört die Kontrolle und Auflistung der vorhandenen Gesellschaftsspiele, der Bälle und der sportlichen Geräte. Bei Bedarf übernimmt er die Beschaffung der fehlenden Materialien. Er ist auch verantwortlich für die Planung und Vorbereitungen von aufwendigen Spielen (z.B. Lagerolympiade), sowie für die Bereitstellung der dafür notwendigen Materialien.

Während der Freizeit verwaltet er alle Spielgeräte und achtet auf einen schonenden Umgang. Er ist verantwortlich für die Erstellung von notwendigen Turnierplänen und die Organisation der Turniere.

☺ Der Einkauf von gebrauchtem Spielmaterial auf Flohmärkten spart sehr viel Geld

Die Bastler / Workshopleiter

Sie kümmern sich um die Bereitstellung und Verwaltung aller notwendigen Materialien und Bastelutensilien (Klebstoffe, Scheren, Malstifte, usw.). Weiterhin betreuen und überwachen sie die Durchführung der geplanten Bastelaktionen und Workshops.

Der erweiterte Aufgabenbereich umfaßt aber auch die Lagerbauten, das Lagerfeuer incl. der Beschaffung des Feuerholzes, sowie die Pflege und Verwaltung der Werkzeuge wie Sägen, Hämmer, Spaten, usw.

Die Animateure

Sie führen durch besondere Programmpunkte und Abendveranstaltungen wie z.B. Großer Preis, Playback- Show und moderieren sie. Vor allem extrovertierte Betreuer und Gitarrenspieler eignen sich für diese Aufgabe.

Im Vorfeld überprüfen und komplettieren sie bei Bedarf existierende Liederbücher. Oder sie erstellen neue Bücher, falls es bisher noch keine gibt.

📖 Abenteuer Teeniegruppe, David Meissner, ISBN 3-89392-169-9, € 6,90.

♦ Wandern mit Kind, Kerstin Micklitza, ISBN 3-89392-315-2, € 6,90.

Eine besonders lustige Aktion ist die Betreuung von "Fanclubs" bei Turnieren oder einem Juxspiel Betreuer gegen Küche.

Animateure und Fanclubs lockern Veranstaltungen schön auf

Der Lagerkiosk

Eine beliebte Einrichtung im Lager ist der Lagerkiosk, der zugleich auch die Post darstellt. Im Vorfeld wird eine größere Menge an Süßigkeiten möglichst preisgünstig im Großmarkt besorgt. Zu festgelegten Öffnungszeiten (z.B. nach den Mahlzeiten) werden die Waren zum Selbstkostenpreis weiterverkauft. Somit bekommen die Teilnehmer mehr für ihr Taschengeld und es unterbleiben die ständigen Bitten der Kinder, in die Stadt gehen zu dürfen.

Ein rustikaler Lagerkiosk

Erweitert werden kann das reichhaltige Sortiment durch verschiedene koffeinfreie Getränke sowie Postkarten und Briefmarken.

Der Kameramann / Pressewart

Eine nicht zu unterschätzende Aufgabe! Seine Arbeit beginnt bereits bei der Werbung im Vorfeld. Er kümmert sich mit um die Erstellung der Flyer und Plakate, sowie die Verteilung der Ausschreibung. Auch kann er z.B. das Vortreffen mit einer gut erarbeiteten Diashow bereichern, was im Übrigen auch für das Nachtreffen zutrifft.

Während der Ferienfreizeit übernimmt er die Dokumentation in Form von Bildern und Videoaufnahmen. Eine entscheidende Rolle spielt dabei die Qualität der

Kamera. Denn was nützt das schönste Motiv, wenn es später nur noch schemenhaft zu erkennen ist.

☺ Besonders schöne Bilder ergeben sich bei der Verwendung eines Teleobjektives. Damit ist es möglich, sich ständig im Hintergrund aufzuhalten und gleichzeitig tolle Bilder zu schießen. Wenn Kinder die Kamera nicht bemerken, bleiben sie natürlich!

🕮 Fotografieren, Ali Khandriche, ISBN 3-89392-312-8, € 7,90

Internet: Für manche ein Stilbruch, aber die moderne Kommunikationselektronik macht es möglich: Ausgeschlafene Technikfreaks pflegen parallel zur Freizeit ihre eigene Homepage, die sie täglich mit aktuellen Textbeiträgen und Bildern illustrieren. So haben die Eltern jederzeit die Möglichkeit, sich via Internet über die Geschehnisse zu informieren.

Lagerzeitung: Eine weitere wichtige Aufgabe während der Freizeit ist die Betreuung der Lagerzeitung. In festgelegten Intervallen trifft sich ein Arbeitskreis der Teilnehmer, der redaktionelle Beiträge zum Programm und den beteiligten Personen erarbeitet. Hinterher wird daraus eine Zeitung gemacht, die beim Nachtreffen an alle Beteiligten verteilt wird.

Grundlegendes zum Vorbereitungswochenende.

Hierfür muß ein geeigneter Ort und Termin (Vorschlag: Mitte März) gefunden werden! Für eine Ferienfreizeit mit zugehörigem Haus ist natürlich genau dieses Haus der ideale Ort. Bei der Planung eines Zeltlagers dagegen genügt ein geeignetes Haus in der näheren Umgebung.

Neben der Funktionalität (mehrere Räume für Gruppenarbeit, Küche, usw.) sollte auch auf das Ambiente Wert gelegt werden. Nur wer sich wohl fühlt, wird auch gut arbeiten.

Hinweis auf Schulungen

Bevor der Tag oder Abend gemütlich (vielleicht auf dem Weihnachtsmarkt) ausklingt, sollte erneut über das Thema Schulungen gesprochen werden. Falls Interesse besteht und die Kurse in den Weihnachtsferien noch nicht komplett ausgebucht sind, ist jetzt noch die Möglichkeit zur Anmeldung gegeben.

Talente - Sammlung

Name: ____________________________

Alter: _________ Beruf: ________________________________

Hobbys: ____

____

Lieblingsmusik: ____

Aktionen und Talente:	*Kann ich sehr gut*				*Kann ich gar nicht*
Spiele / Sport					
Gruppenspiele	O	O	O	O	O
Wasserspiele	O	O	O	O	O
Stadtrallye	O	O	O	O	O
Nachtspiele	O	O	O	O	O
Sing- und Tanzspiele	O	O	O	O	O
Sonstiges: ______________					
Ballspiele	O	O	O	O	O
Welche ______________					
Tischtennis	O	O	O	O	O
Jonglieren / Akrobatik	O	O	O	O	O
Musik und mehr...					
Singen	O	O	O	O	O
Instrumente spielen (z.B. Gitarre)	O	O	O	O	O
Welche ______________					
Musik auflegen (DJ)	O	O	O	O	O
Meditation	O	O	O	O	O
Vorlesen, Geschichten erzählen	O	O	O	O	O
Massage	O	O	O	O	O

Basteln

Schnitzen	○	○	○	○	○
Batiken	○	○	○	○	○
Schminken / Body Painting	○	○	○	○	○
Malen, Zeichnen	○	○	○	○	○
Lagerbauten	○	○	○	○	○
Freundschaftsbändchen	○	○	○	○	○
Schreiben, Recherchieren (Lagerzeitung)	○	○	○	○	○
Layoutgestaltung (Lagerzeitung)	○	○	○	○	○
Umgang mit PC	○	○	○	○	○
Fotografieren	○	○	○	○	○
Video	○	○	○	○	○

Weitere ______________________________

Weiteres

Kochen für viele	○	○	○	○	○
Kochen mit Kindern	○	○	○	○	○
Veranstaltungen Moderieren	○	○	○	○	○

Weitere ______________________________

Mitfahrmotivation

Mit Kindern arbeiten	○	○	○	○	○
Mit Jugendlichen arbeiten	○	○	○	○	○
Gemeinschaft erleben	○	○	○	○	○
Organisieren und planen	○	○	○	○	○
Verantwortung übernehmen	○	○	○	○	○

Weitere ______________________________

Januar

Draußen ist es klirrend kalt und es liegen 8 Meter Schnee – nebeneinander! Klar, wer denkt da schon an die Ferienfreizeit im Sommer. Viel wichtiger ist doch der bevorstehende Skiurlaub. Das ist auch gut so! Denn eine Ferienfreizeit ist zwar eine Ganzjahresbeschäftigung, aber zum Glück noch kein Full-Time-Job! Daher steht in diesem Monat auch die eigene Freizeit - die verdiente Pause - im Vordergrund.

Aber halt, ganz so einfach ist es nicht! Eine Aufgabe ist zu erledigen. Die Eltern brauchen die verbindliche Anmeldung mit allen weiteren notwendigen Unterlagen.

Im Sinne der Übersichtlichkeit sollten die verschiedenen Formulare in unterschiedlichen Farben gehalten werden. Das erleichtert die Übersicht vor allem bei telefonischen Rückfragen der Eltern.

Verbindliche Anmeldung

Die Bezeichnung "verbindliche Anmeldung" spricht eigentlich schon für sich. Schließlich ist es für beide Seiten zwingend notwendig, eine rechtliche Basis zu haben. Zum einen braucht die Lagerleitung die Sicherheit, bei einer kurzfristigen Abmeldung eines Teilnehmers finanziell nicht ganz mit leeren Händen dazustehen. Zum anderen haben die Eltern mit der Unterzeichnung dieses "Reisevertrages" die Gewißheit, daß Ihr Kind sicher dabei ist.

Die Anmeldung läßt sich mit Reise- und Zahlungsbedingungen oder Informationen aus einem beigefügten Infobrief verbinden. Dann sollte allerdings ein Hinweis hierüber in der Anmeldung auftauchen.

Um die Reihenfolge der Anmeldungen erfassen zu können, muß jedes Formular mit einer fortlaufenden Nummer versehen werden. So läßt sich auf einfache Weise kontrollieren, wann die maximale Teilnehmerzahl erreicht ist und somit eine Überbuchung vermeiden.

Weiterhin sollten folgende Punkte ausgefüllt, bzw. aufgeführt werden:

- Name und Adresse des Kindes
- der Veranstalter
- Zeitpunkt der Maßnahme
- Höhe des Teilnehmerbeitrages
- Erreichbarkeit der Eltern während der Freizeit
- Datum und Unterschrift eines Erziehungsberechtigten.

Bei Bedarf kann die Anmeldung noch durch weitere Punkte ergänzt werden. Beispiele gefällig?

Ich möchte mit folgenden Kindern in eine Gruppe:

....

Soweit möglich, werden wir diese Wünsche berücksichtigen. Sollte es einmal nicht realisierbar sein, werden wir uns mit Ihnen in Verbindung setzten.

Wir möchten ein anderes Kind mit einer Spende in Höhe von.............Euro unterstützen und überweisen den Betrag auf das Freizeitkonto.

Geschwisterrabatt. Bei der Anmeldung von Geschwistern wird bei dem ersten Kind der volle Teilnehmerbetrag angesetzt und jedes weitere erhält einen Sonderpreis.

☺ Um der verbindlichen Anmeldung mehr Gewicht zu verleihen, ist es durchaus üblich, sie mit einer Anzahlung in Höhe von ca. 1/3 des Teilnehmerbeitrages zu verbinden.

Angaben zur finanziellen Situation

Für die Abwicklung der Zuschußanträge, ist es notwendig, schon zum jetzigen Zeitpunkt Angaben über die Einkommensverhältnisse zu erhalten. Daher sollte bei Bedarf auf einem gesonderten Blatt hierauf eingegangen werden.

Aber Achtung: Dies ist ein sehr delikates Thema. Ganz wichtig ist daher die Einhaltung des Satzes: "wir versichern, daß alle Angaben streng vertraulich behandelt und nach der Freizeit umgehend vernichtet werden."

Zahlungsmodalitäten

Noch ein unangenehmes Thema: die Bezahlung! Auch hier gibt es mehrere Möglichkeiten. Ob mit Anzahlung oder "in einem Stück", es wird aufwendig, wenn die Eltern den Teilnehmerbeitrag selbst überweisen, oder gar bar bezahlen wollen. In diesen Fällen ist der Kontrollaufwand sehr hoch. Es müssen Listen geführt und Auszüge kontrolliert werden. In Einzelfällen kann es sogar notwendig sein, die Eltern telefonisch oder mündlich an die Zahlung zu erinnern. Daher ist es wohl die einfachste Methode, den Teilnehmerbeitrag per Einzugsermächtigung direkt vom Konto der Eltern abzubuchen. Das ist zwar ziemlich viel Arbeit für die Lagerleitung (es muß pro Teilnehmer eine Abbuchung ausgefüllt werden), aber auf diese Weise ist sichergestellt, daß der gesamte Teilnehmerbeitrag auf einmal auf das Lagerkonto eingeht.

Einverständniserklärung

Sie gehört ebenfalls zu den unerläßlichen Dokumenten bei einer Ferienfreizeit. Schließlich ist es den Eltern während der Freizeit nicht möglich, ihrer Aufsichtspflicht nachzukommen. An diese Stelle treten ersatzweise die Leiter.

Sind für die Freizeit besondere Aktivitäten wie Rad- bzw. Bergtouren, Bootsfahrten oder der pfadfindertypische Hikeday geplant, sollten diese separat aufgeführt und unterschrieben werden. Dadurch haben die Eltern die Möglichkeit, spezielle Aktivitäten, die Ihnen (aus welchen Gründen auch immer) unangenehm sind, auszuschließen. Im Interesse aller müssen diese Punkte von der Lagerleitung selbstverständlich peinlichst genau beachtet werden. Zudem kann es während der Freizeit zu organisatorischen Engpässen kommen, wenn z.B. alle zu einer Bergtour aufbrechen und ein Leiter mit einem Teilnehmer zurückbleiben muß. Das muß im Team vorher genau geregelt sein und gegebenenfalls mit den Eltern noch mal besprochen werden, da sie ihr Kind hierbei auch von der Gruppe ausschließen. Auf keinen Fall dürfen die Anweisungen der Eltern übergangen werden. Falls dann etwas passieren sollte, findet sich die Lagerleitung schnell vor Gericht wieder.

Gesundheitsfragebogen

Ein weiteres wichtiges Formular! Klar, auch hier stehen rechtliche Kriterien im Vordergrund. Gilt es doch, die Kinder vor gesundheitlichen Schäden zu schützen. Der Umfang eines Gesundheitsfragebogens mag übertrieben erscheinen, aber je mehr im Vorfeld über die Teilnehmer bekannt ist, desto mehr Punkte lassen sich dadurch auch berücksichtigen. Gegebenenfalls kann in einem ausführlichen Gespräch mit den Eltern eine entsprechende Vorgehensweise abgeklärt werden. Eine Lebensmittelunverträglichkeit zum Beispiel kann das Küchenteam schon vor größere Probleme stellen. Hier können die Eltern dann sicher mit geeigneten Alternativrezepten weiterhelfen.

Wenn das Insulin eines Diabetikers in einem Zeltlager ohne Stromanschluß ständig zu kühlen ist, müssen im Vorfeld geeignete Maßnahmen (z.B. Bau eines Erdkühlschrankes) geschaffen werden.

Hier wird schnell klar: auch wenn´s vielleicht weh tut, es kann unter Umständen besser sein, auf die Mitfahrt eines Kindes zu verzichten, als erst im Lager zu erkennen, daß alle Beteiligten mit der Situation überfordert sind.

Auch der Fall, daß die Eltern bestehende "Krankheiten" (z.B. Hyperaktivität) nicht angeben, kann für die Leiter nicht zu unterschätzende Schwierigkeiten schaffen. Entstehen dadurch größere Probleme, sind die Leiter – zumindest rechtlich – etwas aus dem Schneider. Da dies aber nicht im Interesse der Kinder sein kann, sollte auch das möglichst nicht vorkommen.

Es empfiehlt sich, rechtzeitig vor Beginn der Freizeit jemanden (am Besten den Lagersanitäter) mit der Durchsicht der Gesundheitsfragebögen zu beauftragen. Die Ergebnisse können dann in einer Auflistung erfaßt werden und an geeigneter Stelle, wie dem Leiterzimmer, aufgehängt werden. Weiterhin sind natürlich die betroffenen Betreuer zu informieren und zu instruieren, wie sie bei Bedarf zu reagieren haben.

Stangenholz für Lagerbauten

Wer in einem Zeltlager die Errichtung von größeren Lagerbauten (Wachturm, Lagertor usw.) plant, sollte sich noch im Januar mit dem zuständigen Forstamt in Verbindung setzten. Denn jetzt können die Bäume noch gefällt werden, die bei den Lagerbauten als Stangen zum Einsatz kommen. Später verbietet das der Naturschutz.

Verbindliche Anmeldung Nr: _____

(grün)

Hiermit melden wir unsere Tochter/ unseren Sohn

Name	:	....
Straße	:	....
Plz, Ort	:	....
Geburtsdatum	:	....
Staatsangehörigkeit	:	....
Telefon	:	....
zur Freizeit des/der	:	....
In	:	.... an.

Die Freizeit findet statt	von :	**Montag,**	**den 26.07.04**
	bis :	**Freitag,**	**den 06.08.04**

Folgender Teilnehmerbeitrag wird erhoben :

1. Normalbeitrag : **160,00 €**
2. Für Mitglieder z.B. kath. Jugendgruppen: **150,00 €**

Die Teilnehmerin ist Mitglied
einer kath. Jugendgruppe ☐ Ja ☐ Nein

Name dieser Gruppe : .... (z.B. Kolping, KJG, usw.)

Während der Freizeit sind wir erreichbar unter:

		Alternative:
Name	:	....
Strasse	:	....
PLZ, Ort	:	....
Telefon	:	....

....

Datum *Unterschrift eines Erziehungsberechtigten*

Das nachfolgende Beispiel ist bezogen auf Baden Württemberg! Angaben aus anderen Bundesländern können erheblich abweichen.

Angaben zur finanziellen Situation:

Wir versichern, daß alle Angaben streng vertraulich behandelt und nach der Freizeit umgehend vernichtet werden.

Kinder und Jugendliche im Alter von 6 bis 18 Jahren aus finanziell schwächer gestellten Familien können auf Antrag einen Zuschuß erhalten. Die Beurteilung dieses Antrages hängt von der finanziellen Situation des Haushaltes ab. Der Haushaltsgrundbetrag beträgt 520,00 €, für jede Person 260,00 €.

Ein Beispiel: Ein Haushalt mit vier Personen (Erwachsene und Kinder) kann bei einem Nettoeinkommen bis zu 1560,00 € einen Antrag stellen. Sollte das zur Verfügung stehende Nettoeinkommen diese Summe nicht überschreiten, wird in der Regel ein Zuschuss von ca. 50,00 € gewährt.

Wir wünschen Ermäßigung ☐ Ja ☐ Nein

Einzugsermächtigung

Hiermit ermächtige ich die Lagerleitung, den vollen Teilnehmerbeitrag bei Fälligkeit von meinem Konto abzubuchen.

Ich habe mein Konto bei : ....

In : ....

Konto- Nr. : ....

Bankleitzahl : ....

....

Datum *Unterschrift des Kontoinhabers*

Einverständniserklärung

Hiermit übertragen wir den Betreuern der Ferienfreizeit der PSG Irgendwo die Aufsicht und die Betreuung unseres Kindes .... für die Zeit vom .... bis ....

....

Datum *Unterschrift eines Erziehungsberechtigten*

Wir haben unsere(n) Tochter/Sohn angewiesen, den Anordnungen der Verantwortlichen der Freizeit Folge zu leisten. Eine Haftung bei selbständigen Unternehmungen, die nicht von der Freizeitleitung oder den Betreuern angesetzt sind, wird von der /den Erziehungsberechtigten übernommen.

....

Datum *Unterschrift eines Erziehungsberechtigten*

Uns ist bekannt, daß die Freizeitleitung die Rückreise unseres Kindes auf unsere Kosten veranlassen kann, sofern sein Verhalten die Durchführung der Freizeit oder sich selbst gefährdet.

....

Datum *Unterschrift eines Erziehungsberechtigten*

Uns ist bekannt, daß die Teilnehmer während der Freizeit im Rahmen des Programmes freie Zeit haben, die sie nach eigenen Interessen auf dem Freizeitgelände frei gestalten dürfen.

....

Datum *Unterschrift eines Erziehungsberechtigten*

Wir erlauben unserem Kind die Teilnahme am geplanten Hikeday. Bei dieser typischen Pfadfinderaktivität werden die Kinder einen Tag lang ohne Betreuer unterwegs sein. Die Lagerleitung wird aber jederzeit telefonisch erreichbar bleiben.

....

Datum *Unterschrift eines Erziehungsberechtigten*

Gesundheitsfragebogen

(gelb)

Um nicht nur im Notfall besser und schneller reagieren zu können, ist es notwendig, daß wir einige Informationen über Ihr Kind erhalten. Die Angaben werden selbstverständlich streng vertraulich behandelt und im Anschluß an die Freizeit umgehend vernichtet!

Name: .... **Geburtsdatum:** ....

Brillenträger / Kontaktlinsen Ja O Nein O

Zahnspange Ja O Nein O

Schuheinlagen Ja O Nein O

Hörgerät Ja O Nein O

Allergien

Insektenallergie Ja O Nein O

Heuschnupfen Ja O Nein O

Sonstige Allergien : ....

Medikamente

Unser(e) Tochter/Sohn nimmt regelmäßig Medikamente ein. Ja O Nein O

Wenn ja, welches Medikament : ....

Sie/Er tut dies selbst Ja O Nein O

Sie/Er benötigt Unterstützung Ja O Nein O

In diesem Fall geben Sie die Medikamente vor der Abfahrt den Betreuern, diese sorgen für die regelmäßige Einnahme.

Wir erlauben die Verabreichung von frei käuflichen und homöopatischen Medikamenten und Salben Ja O Nein O

Sonstiges

Lichtempfindlich / Sonnenbrand	Ja	O	Nein	O
Hyperaktivität	Ja	O	Nein	O
Bettnässen	Ja	O	Nein	O

Schutzimpfungen?

Wundstarrkrampf	Ja	O	Nein	O
Zecken (FSME)	Ja	O	Nein	O

Blutgruppe, falls bekannt : ....

Ernährung

Lebensmittelunverträglichkeit Ja O Nein O

Wenn ja, gegen : ....

Unser(e) Tochter/Sohn ist Vegetarier Ja O Nein O

Krankenversicherung

Unser(e) Tochter/Sohn ist versichert bei: ....

Evtl. Krankenkosten können während der Freizeit bezahlt und von den Erziehungsberechtigten wieder erstattet werden.

Schwimmen:

Unser(e) Tochter/Sohn kann schwimmen Ja O Nein O

Wir erlauben das Schwimmen (unter Aufsicht) Ja O Nein O

Alle Angaben in diesem Gesundheitsbogen haben wir nach bestem Wissen und Gewissen gemacht.

....

Datum *Unterschrift eines Erziehungsberechtigten*

Februar

Der kürzeste und kälteste Monat des Jahres, aber immerhin, die Tage werden schon wieder länger. Die ideale Zeit für Aktivitäten beim Wintersport oder der Narretei! Ob Hellau, Allaf oder Narri Narro, in den Narrenhochburgen Köln, Düsseldorf und Mainz beginnt nun die Stimmung zu brodeln. Eine günstige Gelegenheit, um sich mit dem ganzen Team mal bei einem Umzug zu treffen.

Die Aufgaben für die Sommerfreizeit halten sich in diesem Monat noch in Grenzen. Neben einigen Erkundigungen steht nur die Anmeldebestätigung im Vordergrund. Die allerdings kann je nach Ausführung doch wieder in Arbeit ausarten.

Teilnahmebestätigung

Wer bei einem Reisebüro einen Vertrag abschließt, geht selbstverständlich davon aus, daß er in irgendeiner Form eine Bestätigung erhält. Das sollte bei einer Ferienfreizeit nicht anders sein. Nur besteht hier zusätzlich die Möglichkeit, aus der eigentlichen Teilnahmebestätigung noch eine kleine Attraktion zu machen. Immerhin geht es um Kinder. Weiterhin wird mit einer entsprechenden Präsentation die Vorfreude bei den Teilnehmern enorm gefördert. Und wenn das Motto zum jetzigen Zeitpunkt schon bekannt ist, läßt sich sicher was ganz Beeindruckendes gestalten.

☺ Steht die Freizeit unter einem Motto, können für die jetzt stattfindenden Fastnachtsveranstaltungen Kostüme entsprechend diesem Motto geschneidert werden. Im Sommer verleihen dieselben Kostüme der Freizeit dann einen ganz besonderen Flair.

Die Kostüme für diese Freizeit wurden im Winter davor geschneidert

Die Reise zur Schatzinsel...

...beginnt ganz klassisch mit einer Flaschenpost. Hierzu müssen allerdings im Vorfeld viele Flaschen gesammelt werden. Am besten geeignet hierfür sind durchsichtige Wein- oder Rumflaschen. Selbstverständlich muß zuerst das Etikett entfernt werden. In warmes Wasser eingelegt, geht das schon nach wenigen Minuten ganz einfach. Alle Unterlagen werden nun zusammen gerollt und in die Flasche gesteckt. Anschließend wird die Flasche wieder verkorkt. Wer will, kann den Korken, incl. Flaschenhals in flüssiges Wachs tauchen, sieht dann noch echter aus. Am Schluß wird noch ein Etikett gestalten und auf die Flasche geklebt – fertig! Leider läßt sich diese Version schlecht per Post verschicken. Daher ist es leider notwendig, die Flaschen per Auto auszufahren. Das dauert zwar etwas, aber der Aufwand lohnt sich!

Im wilden Westen und bei Robin Hood...

...wurden, wie wir alle wissen, Pfeil und Bogen benutzt. Was wäre also passender zum Transport der Informationen, als einen Pfeil zu "verschießen". Egal ob ein Haselnußzweig, oder ein, allerdings teureres, Rundholz aus dem Baumarkt, es eignen sich beide Varianten. Dann noch eine Holzspitze an das eine und drei halbe Federn an das andere Ende und fertig ist der Pfeil. Nun wird die Teilnahmebestätigung um den Pfeil gewickelt und fest gebunden. Fertig!

☺ Zur Vermeidung von Komplikationen sollte der Pfeil nicht unbedingt stilecht in der Eingangstür stecken. Es genügt die klassische Verwendung des Briefkastens!

Bei den Rittern im Mittelalter...

...gab es weder Kopier- noch Briefpapier. Und Papier selbst herzustellen ist zwar eine tolle Sache, aber leider etwas zu aufwendig. Eine prima Alternative ist daher das Elefantenpapier aus dem Bastelladen. Zur Herstellung der Schriftrolle wird in einer geeigneten historischen Schriftart auf dieses Papier der ganze Text ausgedruckt. Nun werden mit einem Feuerzeug die Ränder etwas angekohlt. Anschließend wird das Blatt zusammengerollt, mit einem Band umwickelt und mit einem Siegel versehen (Siegellack und geeignete Stempel gibt es in guten Bastelläden). Fertig!

Alternativ dazu läßt sich das Blatt aber auch zusammenfalten und anschließend mit dem Siegel zu einem Brief verschließen. Diese etwas einfachere Variante ist auch wieder für den Transport mit der Post geeignet. Allerdings müssen hierbei Gewicht und Dicke beachtet werden, denn Abweichungen vom Standard kosten leider mehr.

Für die Aufführung des "Zirkus Fantastico"...

...erhält jedes Kind eine kunstvoll ausgestaltete Eintrittskarte zugeschickt. Alle notwendigen Informationen befinden sich entweder auf diesem Dokument selbst oder sie werden als Anlage mitgeschickt.

Falls noch kein Motto...

...feststeht heißt das aber noch lange nicht, daß es hierfür keine attraktive Lösung gibt. Wie wäre es mit einem Puzzle?

Die Teilnehmerbestätigung wird zuerst auf einen Karton geklebt. Dann wird das ganze mit einer großen Schere oder einem Rollschneider in nicht zu kleine Stücke zerschnitten. Fertig ist die einfache Version eines Puzzles.

☺ Besonders schön und zugleich ungewöhnlich sind selbst gebastelte Briefkuverts. Bei einer Vorlage (Musterkuvert) werden hierzu vorsichtig die Klebestellen aufgetrennt. Nun werden die Konturen des aufgeklappten Kuverts auf einen Karton übertragen und ausgeschnitten. Mit dieser Schablone lassen sich dann beliebig viele Kuverts herstellen. Als Basismaterialien für die Kuverts eignen sich besonders gut Kalenderblätter von Kunstkalendern oder ähnliches. Diese haben nicht nur ein dekoratives Design, sondern sie sind auch noch etwas stabiler als normales Papier.

Vorbereitungswochenende

Vorbereitend für das nächste Betreuertreffen im März, das Vorbereitungswochenende, sind jetzt noch einige Aufgaben zu erledigen.

▷ Es muß ein geeigneter Raum für das Vortreffen mit den Eltern und den Kindern gefunden werden! Besondere Aufmerksamkeit verdient neben der Größe (Abhängig von der Anzahl der Teilnehmer) vor allem die Ausstattung. Gibt es einen Diaprojektor oder einen Beamer? Hat der Raum eine Bühne, eine Küche, einen Ausschank, und so weiter, und so weiter.
Oft verfügen die Kirchengemeinden über einen solchen geeigneten Raum, der dann meist auch kostenlos zur Verfügung gestellt wird. Falls diese Möglichkeit nicht existiert, ist die Stadt ein guter Ansprechpartner. Auch hier besteht oft die Bereitschaft zu erheblichen Mietnachlässen. Für Vereine ist natürlich das eigene Vereinsheim der ideale Ort.

▷ Nun werden ein paar Termine zur Auswahl vorgemerkt. Gemeinsam mit allen Betreuern wird anschließend der günstigste Termin ausgewählt. Schließlich sollten beim Vortreffen mit den Eltern möglichst alle Betreuer anwesend sein.

▷ Als weitere Aktion im Februar sollten (falls nicht schon geschehen) auch noch Informationen zum Veranstaltungsort und den Nachbargemeinden eingeholt werden. Ansprechpartner hierfür sind die Fremdenverkehrsbüros, die Bürgermeisterämter oder der Platzwart / Hausverwalter.

Haus- oder Lagerplatzsuche

Zu den Aufgaben der aktuellen Lagerleitung gehört, wie bereits erwähnt, die Suche nach einer passenden Unterkunft für das nächste Jahr. Wer nicht unbedingt das nehmen will, was übrig bleibt, der beginntam besten schon jetzt mit der Suche. Weitere Infos hierzu finden sich im Kapitel "September".

Teilnehmerkartei

Was in den vorangegangenen Kapiteln bereits abzusehen war, wird nun Gewißheit: mit zunehmender Teilnehmerzahl wächst leider auch der entsprechende Papierberg. Damit nicht bereits im Vorfeld alles im Chaos versinkt, müssen die eingehenden Formulare möglichst übersichtlich sortiert und abgelegt werden. Ob im klassischen Karteikasten oder in einem einfachen Ordner, Hauptsache preiswert und übersichtlich

Am einfachsten wird hierzu eine Vorlage entsprechend dem nachfolgenden Beispiel ausgedruckt, ausgefüllt und zum Abheften in eine Klarsichthülle gesteckt oder alternativ auf eine Karteikarte geklebt. Alle Unterlagen werden nach dem Eingang abgehakt und in der Klarsichthülle, bzw. Karteikasten verwahrt.

Name : .... Nr.: ....
Vorname : ....
Strasse : ....
PLZ, Ort : ....
Geburtstag : ....
Telefon : ....

☐ Verbindliche Anmeldung
☐ Gesundheitsfragebogen
☐ Einverständniserklärung
☐ Einzugsermächtigung
☐ Kopie vom Impfpaß
☐ Taschengeld _____ Euro

Bemerkung: ....
....
....
....

März

Der März ist ein prima Monat! Denn die Pausen, die der Winter nun endlich einlegt, werden immer länger. Der Frühling setzt seine ersten kleinen Zeichen. Kurz und gut, die Natur erwacht ganz langsam zu neuem Leben und damit auch der eigene Tatendrang.

Lebendig wird es auch beim Vorbereitungswochenende der Betreuer. Hier geht's das erste Mal so richtig zur Sache. Der Grundstein für ein richtig gutes Lager kann gelegt werden.

Das Vorbereitungswochenende

Das erste Highlight des Jahres! Hier werden viele Weichen gestellt und wichtige Unterlagen wie "Lagerorgaplan" (Tagesplan) und der Speiseplan werden am Ende ausgearbeitet sein. Die freie Zeit ist auch eine gute Gelegenheit, sich besser kennenzulernen.

Die Vorbereitung dieses Wochenendes unterliegt natürlich dem Aufgabenbereich der Lagerleitung. So gilt es ein Tagesprogramm festzulegen und vorab schon einmal die wichtigsten Ziele zu definieren. Weiterhin müssen im Vorfeld Lebensmittel, Getränke und diverse Kleinigkeiten besorgt werden.

Freitag:

16.00 Uhr Ankunft, anschließend Zimmer beziehen

18.00 Uhr Begrüßung und Abendessen

Um die erste Mahlzeit am Freitagabend kümmert sicham besten noch die Lagerleitung, wobei freiwillige Helfer stets willkommen sind. Gespült und aufgeräumt wird anschließend gemeinsam. Die Organisation und Durchführung der weiteren Mahlzeiten übernimmt dann am besten das Küchenteam. Der zugegeben einfache Speiseplan (unter den gegebenen Bedingungen geht auch mal Fertigpizza oder Spaghetti und Tomatensauce) für die beiden folgenden Tage sollte nun zwischen Lagerleitung und Küchenteam besprochen werden.

20.00 Uhr Kurze Einführung ins Wochenende. Vorstellung der einzelnen Programmpunkte.

Top 1: Lagerregeln für die Teilnehmer

Die Lagerregeln, attraktiv präsentiert

Je zwei Betreuer überlegen sich ihre 10 wichtigsten Lagerregeln (z.B. Umgang mit den Kindern, Auftreten vor den Kindern, Vorbildfunktion der Betreuer), wobei sie auch schon nach Gewichtung unterscheiden sollten. Nach ca. 15 Minuten setzen sich alle zusammen und stellen ihre Punkte vor. Anschließend werden während einer Diskussion die 10 zentralen Lagerregeln ermittelt.

Top 2: Regeln für das Team

Entsprechend der zuvor beschriebenen Vorgehensweise werden hier 10 Regeln für das Betreuerteam ermittelt.

☺ Die ermittelten Regeln sollten während dem Wochenende dann auch gleich ausprobiert werden. Am Ende des Wochenendes unterzeichnet jeder einzelne den "Gruppenvertrag" und erklärt somit, sich daran zu halten.

Top 3: Umgang mit Alkohol, Nikotin, Drogen, Sex

Vor allem hier sollte sich jeder über die Grenzen im Klaren sein. Keiner will das Glas Rotwein oder das Bier am Lagerfeuer in Frage stellen. Vielmehr geht es darum, extreme Situationen von vornherein auszuschließen .

Samstag

08.30 Uhr Wecken

09.00 Uhr Einstieg in den Tag und Frühstück

Das heißt, es folgt eine kurze Begrüßung mit anschließender "Resterunde". Während dieser Runde haben alle Betreuer noch einmal die Gelegenheit, Fragen zum Vorabend loszuwerden. Auch wenn jemandem über Nacht noch ein Licht zum Thema aufgegangen ist, kann er sich nun äußern. Falls sich aus einem der angesprochenen Themen eine längere Diskussion entwickelt, sollte dies im Tagesplan eingearbeitet und dort ausdiskutiert werden. Anschließend folgt das Frühstück.

10.00 Uhr Workshops

Top 4: "Lagerorgaplan", Kochen

Im ersten Workshop treffen sich Betreuer und Lagerleitung und erarbeiten unter Berücksichtigung des Mottos das Programm für die Zeit im Lager. Sowohl für schönes, als auch für schlechtes Wetter müssen geeignete und abwechslungsreiche Aktionen und Spiele festgelegt werden.

☺ Wer während des Lagers spirituelle Einheiten einplant, bekommt von manchen Kirchengemeinden zusätzliche Zuschüsse.

Ist eine Disco für die Kinder geplant, wird eine geeignete, lagertaugliche Anlage benötigt. Wer besitzt oder verleiht so was? Was kostet sie?

Parallel zur Leiterrunde kümmert sich das Kuchenteam zügig um den Einkauf, bevor anschließend zum ersten Mal gemeinsam die Rührlöffel geschwungen werden. Falls es die knappe Zeit zuläßt, ist dies eine gute Gelegenheit um mit dem Speiseplan zu beginnen.

Tips für den Speiseplan:

- ▷ keine Experimente
- ▷ mögliches Motto berücksichtigen

- ▷ nie das Budget aus den Augen verlieren
- ▷ frische Zutaten sind immer besse, röfters mal Rohkost und Obst einplanen
- ▷ an heißen Tagen kein warmes Mittagessen
- ▷ flexibel bleiben, Sonderangebote berücksichtigen
- ▷ ständigen Kontakt zur Lagerleitung pflegen

12.30 Uhr	Mittagessen
14.00 Uhr	Workshops

Top 5: Aufsichtspflicht/Versicherungen/Strafrecht

Wer ein Ferienlager plant, der denkt an tobende Kinder, lachende Gesichter, lodernde Lagerfeuer und vermutlich gerade noch an die viele Arbeit, die dahinter steckt. Nur, was dabei alles schief gehen kann, wird meist unterschätzt oder verdrängt. Selbst wenn in den Medien von spektakulären Unfällen in Zeltlagern berichtet wird, kommt häufig die Antwort: "... aber bei uns doch nicht!"

Die beste Vorbereitung ist daher, wenn sich das Team im Vorfeld zusammensetzt und sich eingehend anhand von Fallbeispielen mit der Problematik befaßt. Durch diese, zumindest theoretische Erfahrungen sind die Betreuer soweit geschult, daß sie bei vergleichbaren Situationen überlegter handeln und, nicht zuletzt dadurch, auch sicherer auftreten können.

☞ Übrigens, ein Teil des Küchenteams nimmt an diesem Workshop teil, um einen Einblick zu erhalten. In der Zwischenzeit erledigen die anderen Küchenmitglieder die Einkäufe für den Rest des Wochenendes. Im Anschluß daran bereiten sie die Kaffeepause vor.

15.30 Uhr	Kaffeepause
16.00 Uhr	Workshops

Top 6: Resterunde Recht, Ausarbeitung Spiele, AKs

Zum Beginn des nächsten Workshops besteht die Gelegenheit, Fragen zum Themenblock Recht zu stellen. Bei Bedarf kann dieses wichtige Thema auch noch weiter diskutiert werden.

Danach geht es in zwei getrennten Gruppen weiter. Die eine beschäftigt sich mit der Ausarbeitung der Spiele (z.B. Lagerolympiade, 40-Punkte Spiel, Sportturniere, usw.). Die zweite bereitet die Arbeitskreise für die Kinder vor. Geleitet werden die Gruppen von den entsprechenden "Bereichsleitern" (Spielewart/ Animateur und Bastler/Workshop) und je einem Lagerleiter.

Währenddessen trifft sich das Küchenteam und erarbeitet den Speiseplan. Unter Berücksichtigung der zu erwartenden Kücheneinrichtung und der Einkaufsmöglichkeiten wird zuerst eine Liste mit in Frage kommenden Gerichten aufgestellt. Achtung, Vegetarier nicht vergessen! Nun werden die Speisen abwechslungsreich aneinander gehängt – fertig. Fast! Denn wenn im Lager ein Abschlußfest ober –büffet geplant ist, ist nun die beste Gelegenheit, hierfür Ideen zu sammeln. Wenn möglich, Lagermotto einfließen lassen.

Steht der Speiseplan dann endlich, ruft auch schon wieder die Arbeit: das Abendessen muß vorbereitet werden.

18.00 Uhr	Abendessen
20.00 Uhr	Workshop

Top 7: "Wir feiern ein Fest!"

Wie der Name schon sagt, es ist Partyzeit. Wer noch nicht genug hat, der darf selbstverständlich die lockere Runde noch zu dem ein oder anderen produktiven Gespräch nutzen. Ansonsten sollte das gegenseitige Kennenlernen absoluten Vorrang haben.

☺ Um ein schnelles Feedback über die einzelnen Workshops zu erhalten, eigenen sich ganz besonders kurze Blitzreflexionen. Hierbei hilft z.B. ein Rührlöffel, auf dessen einen Seite ein lachendes und auf der anderen Seite ein trauriges Gesicht gemalt wurde. Dieser Rührlöffel wird nun von Betreuer zu Betreuer weitergegeben und jede Person hält die Seite nach vorne, die seine Meinung zu dem Workshop widerspiegelt. Wer möchte, kann dies zusätzlich mit ein paar Worten ergänzen.

Sonntag

09.30 Uhr	Wecken.
10.00 Uhr	Brunch. Irgend jemand wird schon was leckeres vorbereitet haben.
11.00 Uhr	Workshop

Top 8: Vorbereitung Vortreffen

Bei kirchlichen Organisationen sollte an dieser Stelle ein improvisierter Wortgottesdienst oder alternativ eine Meditation nicht fehlen.

Resterunde zum Vortag.

Im Anschluß daran ist wieder Phantasie gefragt. Denn Vortreffen können ganz unterschiedlich aufgezogen werden. Mit Kindern, ohne Kinder oder beides? Um den Terminstress aber nicht unnötig zu strapazieren ist wohl ein Vortreffen mit den Kindern an einem Sonntagnachmittag am sinnvollsten. Eingerahmt von lockeren Spielen ist dies die einfachste Möglichkeit, viele Infos an Eltern und Kinder weiterzugeben.

Es bietet sich folgender Ablauf an:

- ▷ Begrüßung
- ▷ Vorstellung des Teams
- ▷ Spiel
- ▷ Vorstellung des Reisezieles
- ▷ Allgemeine Infos zum Programm/Tagesablauf
- ▷ Spiel
- ▷ Erläuterung der Lagerregeln (evtl. durch Rollenspiel der Betreuer auf einer Bühne)
- ▷ Erinnerung an fehlende Unterlagen
- ▷ Verabschiedung
- ▷ Gelegenheit zum persönlichen Gespräch und Platz für Rückfragen.

Top 9: Termine, Fragen, Regeln

Nun gilt es noch, einen Termin für Ende April festzulegen. Ziel dieses Treffens ist die Kontrolle des Bastelmateriales, der Werkzeug- und der Spielekiste. Da sich die Zeltlagermaterialien in vielen Gemeinden und Pfarreien unter Verschluß befinden, kann ein solches Treffen sehr vorteilhaft sein. Weiterhin können dort noch die letzten Punkte zum Vortreffen besprochen werden.

Bevor zum Schluß des Wochenendes die selbst auferlegten Regeln unterschrieben werden, besteht noch die Möglichkeit Fragen loszuwerden.

13.00 Uhr	Packen und aufräumen
14.00 Uhr	Verabschiedung

Top 10: Abschiedsphase

Alle (!) stellen sich in einen Kreis. Die Lagerleitung resümiert noch einmal den Verlauf und die Ergebnisse des Wochenendes.

Zum Schluß besteht die letzte Möglichkeit, Fragen zu stellen und Telefonnummern auszutauschen.

Insolvenzscheine ordern

Zur Erinnerung: Nach § 651 k BGB hat ein Reiseveranstalter seit dem 01.11.1994 sicherzustellen, daß dem Reisenden der Reisepreis und evtl. anfallende Reisekosten erstattet werden, wenn die Reiseleistungen aufgrund von z.B. Zahlungsunfähigkeit nicht erbracht werden können.

Pro zahlendem Teilnehmer ist z.B. beim jugendhaus Düsseldorf e.V. ein Insolvenzschein zu bestellen. Die Teilnehmer müssen jedoch nicht namentlich genannt werden. Dieser wird dann mit der Einladung zum Vortreffen an die Eltern geschickt.

Beitragsermäßigung

Wie aus den verbindlichen Anmeldungen ersichtlich ist, gibt es vermutlich einige Eltern, die Ermäßigung wünschen. Die Gründe hierfür können völlig unterschiedlich sein. Es ist daher durchaus angebracht, in einem persönlichen Gespräch die Möglichkeiten einer Ermäßigung zu klären.

Öffentliche Zuschüsse

Dies ist meistens mit dem lästigen Ausfüllen von Anträgen (z.B. aus dem Landesjugendplan für eine Jugenderholungsmaßnahme) verbunden. Diese Anträge müssen jetzt besorgt und bei Bedarf der Einladung für das Vortreffen beigelegt werden. Eventuell kann es sinnvoll sein, den Eltern beim Ausfüllen der Anträge behilflich zu sein.

Zuschuss vom Sozialamt

Sind die Eltern oder Erziehungsberechtigten Empfänger von Sozialhilfe, sollte auf jeden Fall versucht werden beim zuständigen Sozial- oder Jugendamt einen Zuschuß für das betreffende Kind zu erhalten. Unter Umständen ist hierfür eine Bescheinigung der Lagerleitung über Zeitpunkt und Kosten der Fahrt notwendig.

Geschwisterrabatt

Werden mehrere Kinder aus einer Familie angemeldet, könnte z.B. für das erste Kind der volle Teilnehmerbetrag angesetzt werden und jedes weitere erhält einen Sonderpreis.

Zeltlager PSG Irgendwo
Martina Muster
Demogasse 11
12345 Irgendwo

März 2003

An das
Sozialamt ....

PLZ Ort

Bescheinigung über Anmeldung zu Ferienfreizeit

Hiermit bescheinigen wir die verbindliche Anmeldung von (*Name des Teilnehmers*), wohnhaft (*Strasse, Hausnummer*) in (*Wohnort*), für unsere Ferienfreizeit.

Teilnehmer:	Jungen und Mädchen im Alter von 9-13 Jahren
Fahrtziel:	Triberg, Schwarzwald
Zeitpunkt:	Montag, 26.07.2004 bis Freitag, 06.08.2004
Teilnehmerbeitrag:	160 Euro, zuzüglich 30 Euro Taschengeld

Für Rückfragen stehe ich Ihnen unter 0175 / xx yy zz zur Verfügung.

....

Datum *i.A. Martina Muster*

„Lagerorgaplan“:

Tag:	Morgen:	Mittag:	Abend:
Montag	Isnokonerdo!	Ankunft, Zelte/Zimmer einräumen	Einführung ins Thema Blinkerspiel
Dienstag	Lagerbauten	Lagerolympiade	Nachtwanderung
Mittwoch	R O L L E N	S P I E L	Spieleabend Spiele
Donnerstag	Open Space	Caravelle-Programm	Postenlauf mit Fackeln Themabezogen
Freitag	W A N D E R T A G		Liederabend am Lagerfeuer
Samstag	Thema- Rallye	ASP	Grillen
Sonntag	T H E M A T I S C H E R T A G		Gottesdienst, anschl. Lagerfeuer mit Stockbrot
Montag	H I K E D A Y		HIKE- Programm
Dienstag	Open Space	Schwimmbad	Blinkerspiel
Mittwoch	R A L L E Y		Liederabend
Donnerstag	ASP	Reflexion Kindersenat Teilweise Abbau	Kaltes Bufett Abschlussfest
Freitag	Abbau, Putzen, Heimfahrt		Semmernimmerdo!

Alternativen für schlechtes Wetter: Kasperle Theater, Workshops, Hausrallye, Gesellschaftsspiele, Backen und Kochen

Speiseplan:

Tag:	Mittag:	Abend:
Montag	Isnokonerdo!	Spaghetti, Haschee, Tomatensauce
Dienstag	Salami, Käse Gurken, Tomaten Partysalate	Fleischküchle, Kartoffelbrei Pfannengemüse
Mittwoch	Obazter, Aufschnitt Frischkäse Gurken, Tomaten	Nudel mit Käsesauce Gurken-/ Tomatensalat
Donnerstag	Salami, Käse Gurken, Tomaten Partysalate	Putengeschnetzeltes, Reis, Salat
Freitag	Vesperpaket Obst	Kaiserschmarrn mit Kompott, usw.
Samstag	Tagliatelle, Hack- Champignonsoße Caprese	Grillen und anderes Getier
Sonntag	Minestrone	Lagerpizza
Montag	Vesperplatte	Chilli con carne
Dienstag	Schinkennudel, Tomatensoße Kopfsalat	Pfannkuchen! Gefüllt, gerollt, als Torte, oder einfach so.....
Mittwoch	Salami, Käse, Gurken, Tomaten, Partysalate	Rahm- Wurstgulasch Spätzle, Kopfsalat
Donnerstag	Reispfanne	Kaltes Büffet
Freitag	Eintopf alla „*Rumfort*“ *(alles, was rum steht und fort muss)*	

April

April, April, der weiß nicht was er will! Für das Wetter mag dieses Sprichwort vielleicht noch zutreffen. Die Vorbereitungen für die Sommerfreizeit werden davon allerdings nicht berührt. All die Dinge, über die im Vorfeld so oft gesprochen wurde (Werkzeuge, Spiele, Suppentöpfe), jetzt kann man sie in Händen halten. Zwischen Spinnweben und Staubflocken tauchen sie wieder auf, die Überbleibsel der letzen Freizeit.

Am Wichtigsten aber, die Einladungen zum Vortreffen müssen raus! Ergänzt durch einen Infozettel und eine Kurzbeschreibung des Zeltplatzes steigert dieses Schreiben sicher die Spannung auf die Freizeit.

Einladung zum Elternabend/Vortreffen

Die verbindlichen Anmeldungen liegen vor und die Bestätigungen sind raus. Was fehlt also noch? Das Vortreffen mit Eltern und Kindern! Ob getrennt, gemeinsam oder hintereinander, hier hat wohl jeder seine eigene Philosophie.

Für Organisationen mit ganzjähriger Gruppenarbeit kann der klassische Elternabend durchaus von Vorteil sein. Hier werden die Kinder während der Gruppenstunde ohnehin ständig auf dem laufenden gehalten. Auch besteht bei einem reinen Elternabend die Möglichkeit, über Details zum Programm zu informieren, welche die Teilnehmer nicht unbedingt wissen sollen.

Organisatoren von öffentlich ausgeschriebenen Freizeiten sind gut beraten, wenn sie ein gemeinsames Vortreffen mit Kindern und Eltern durchführen. Schließlich steht neben der reinen Information vor allem das Kennenlernen im Vordergrund.

Teilnehmerbeitrag abbuchen

Sofern die Anmeldung nicht mit einer Anzahlung verbunden wurde, ist es nun an der Zeit dafür zu sorgen, daß Geld in die Kasse kommt. Am einfachsten geht das, indem der Teilnehmerbeitrag per Bankeinzug abgebucht wird. Dies ist zwar mit ziemlich viel Schreibarbeit verbunden (pro Teilnehmer muß ein Abbuchungsformular ausgefüllt werden), aber auf diese Weise entfällt der lästige Kontrollaufwand. Wer das bisher noch nicht gemacht hat, der sollte sicham besten von seiner Hausbank dabei helfen lassen.

Material und Ausrüstung

Bei der Durchführung eines Zeltlagers oder einer Ferienfreizeit ist enorm viel Material notwendig. Einerseits ist der Ablauf des "normalen Tagesgeschäftes" (Küche, Bürotätigkeiten, usw.) sicherzustellen und andererseits sind da die vielen geplanten Programmpunkte, für die ebenfalls allerhand Kleinigkeiten notwendig sind. Um das alles zu organisieren, kann es nur von Vorteil sein, die Details per Checklisten auf Vollständigkeit zu überprüfen.

☺ Wird eine Kopie der Checkliste in die entsprechende Kiste innen auf den Deckel geklebt, besteht jederzeit und vor Ort die Möglichkeit das Material zu kontrollieren.

Bastelmaterial

Bastelmöglichkeiten gibt es in Hülle und Fülle! Wer in einer Freizeit oder im Zeltlager mit Kindern bastelt, sollte zwar aktuelle Trends berücksichtigen, dabei jedoch die Kosten nicht aus den Augen verlieren. Denn diese Trends sind meistens nicht billig.

Die Bastelkiste wird gepackt

Generell aber gelten besondere Anforderungen für einen Bastelworkshop:

- ▷ es muß genügend Zeit vorhanden sein, damit die Kinder ihre "Kunstwerke" fertig stellen können
- ▷ die Teilnehmer sollten ihre "Kunstwerke" mit nach Hause nehmen können
- ▷ die Angebote müssen dem Alter der Teilnehmer entsprechen
- ▷ Rahmenbedingungen müssen beachtet werden (Räumlichkeiten, Vorbereitungszeit)
- ▷ vor allem aber – es soll Spaß machen!

Was jedoch immer benötigt wird, sind tausend Kleinigkeiten. Nachfolgend einige Vorschläge:

Klebstoff (Alleskleber, Klebestift	Dispersionsfarben
2-Komponenten Kleber	Pinsel
Holzleim	Modelliergips
Sekundenkleber	Gipsbinden
Papier- und Kartonscheren (groß)	Lineal / Geodreieck
Papierscheren (klein)	Locher
Teppichmesser	Heftklammerapparat
Skalpell	Heftklammern (Ersatz)
Tesafilm	Reiszwecken
Paketband	Stecknadeln
Gewebeisolierband	Kopierpapier
Kreppband	"Schmierpapier"
Radiergummis	Papier/Karton in versch. Farben
Bunt-/ Bleistifte	Alte Zeitungen
Plakatschreiber (Eddings	Plakate (DIN A2/A3)
Filzstifte	Paketschnur
Wachsmalstifte	Laubsägen/Ersatz- Sägeblätter
Wasserfarben	Nylonschnur
Stoffarben	Blumendraht
Plaka- Farben	Pumpe für Luftmatratze

Werkzeug

Die Werkzeuge und nicht zuletzt deren Funktion sind ein wichtiger Bestandteil um eine Ferienfreizeit am Laufen zu halten. Immer wieder fallen kleinere Reparaturen an, die erledigt werden wollen. Weiterhin bietet gerade ein Zeltlager hervorragende Möglichkeiten für imposante Lagerbauten.

In der folgenden Checkliste wird eine Grundausstattung für ein Zeltlager vorgeschlagen. Sie wird bei einer Hausfreizeit selbstverständlich kleiner ausfallen.

Zimmermannshammer	Maßband
Fäustel	Schaufel
Gummihammer	Spaten
Säge	Spitzhacke
Nägel (versch. Größen)	Vorschlaghammer ("Bello")
Schrauben (versch. Größen)	Axt / Beil
Kreuzschlitz- Schraubendreher	Tennisbälle für Heringe
Schlitz- Schraubendreher	Wäscheleine und –klammern
Kombizange	Seile, Schnüre
Seitenschneider	Verlängerungskabel
Schraubenschlüsselset	Mehrfachsteckdosen
Wasserpumpenzange	Gaslampen
Kneifzange	Glühstrümpfe
Schlauchschellen	Ersatzkartuschen
Maßstab	Ersatzgläser

Fußball - auch bei den Mädels beliebt

Spiele

Auch hier gibt es eine Unmenge an Möglichkeiten. Neben den Klassikern, den Ballspielen, sind es gerade die Schlechtwetter- Spiele für drinnen, die den ständig wechselnden Modetrends unterliegen. Es hat daher wenig Sinn, sich schon bei der ersten Freizeit mit allen aktuellen Brett- und

Gesellschaftsspielen einzudecken. Sicher gibt es im Team einen spielbegeisterten Betreuer, der gerne einige seiner gesammelten Werke mitnimmt. Somit können die begrenzten finanziellen Mittel in gute Bälle u.ä. investiert werden.

Fußball	Frisbeescheibe
Volleyball	Indiaka
Volleyballnetz	Federballschläger
Ballpumpe	Federbälle
Tischtennisschläger	Gesellschaftsspiele
Tischtennisbälle	Brettspiele
Stelzen	Kartenspiele
Jonglierset	Spiele fürs Wasser

Erste Hilfe Koffer

Eines der wichtigsten Utensilien einer Freizeit! Denn es vergeht fast kein Tag, an dem dieser Koffer nicht benötigt wird. Wo Kinder toben, da gibt es fast zwangsläufig Prellungen, Schürfwunden, Stiche, usw.

Neben den handelsüblichen Erste- Hilfe Koffern aus Plastik und Metall für knapp 100 Euro besteht auch die Möglichkeit, sich einen Aluminiumkoffer aus dem Baumarkt zu besorgen und diesen von der Apotheke füllen zu lassen. Empfehlenswert ist eine Füllung entsprechend der Norm DIN 13157 (bis 50 Personen) oder DIN 13169 (ab 50 Personen). Einen Rot- Kreuz- Aufkleber und eine Erste Hilfe Fibel liefert die nächste Rettungsleitstelle oder der Ortsverband des Roten Kreuzes.

Inhalt nach DIN 13157 (DIN 13169 = alles x 2)	2 Augenkompressen
	1 Rettungsdecke
1 Heftpflasterspule	3 Fixier- / Mullbinden FB8
8 Wundschnellverbände 80cm	3 Fixier- / Mullbinden FB6
5 Fingerkuppenverbände	1 Netzverband für Extremitäten
5 Wundschnellverbände	1 Dreiecktuch
10 Pflasterstrips	1 Schere
3 Verbandpäckchen, mittel	10 Vliesstofftücher
2 Verbandpäckchen, groß	2 Folienbeutel
1 Verbandtuch BR	4 Einmalhandschuhe
1 Verbandtuch A	1 Erste Hilfe Broschüre
6 Kompressen 100x100 [mm]	1 Inhaltsverzeichnis

Zusätzlich zur Standardfüllung sind folgende Artikel für eine Ferienfreizeit sinnvoll:

Fieberthermometer	Zeckenzange
Buntes Pflaster für Kinder	Pinzette
Blasenpflaster	Nagelfeile
Desinfektionsmittel	Stichsalbe

Generell ist es den Betreuern nicht erlaubt, Teilnehmern Medikamente zu verabreichen. Ist dies doch einmal notwendig (Einnahme mitgebrachter Medikamente oder durch Verschreibung durch den Arzt während der Freizeit) ist unbedingt auf folgendes zu achten:

- ▷ haben die Eltern dies erlaubt (siehe Gesundheitsfragebogen)
- ▷ Angaben im Beipackzettel studieren
- ▷ Haltbarkeitsdatum noch nicht abgelaufen

Erste Hilfe Tasche

Im Gegensatz zum Koffer, der sich stationär an einem zentralen Ort befindet, ist die Tasche vor allem für Wanderungen gedacht. Auch hier bietet der Handel fertige Produkte an. Neben der klassischen Sanitätstasche eignet sich auch eine Verbandtasche für Motorräder nach DIN 13167. Folgender Inhalt ist hier definiert:

1 Heftpflasterspule	1 Erste Hilfe Broschüre
8 Wundschnellverbände	
2 Verbandpäckchen	weiterhin sinnvoll:
1 Verbandtuch	Buntes Pflaster für Kinder
1 Schere	Zeckenzange
1 Rettungsdecke	Blasenpflaster
4 Einmalhandschuhe (groß)	Stichsalbe

Zeltmaterial

Nachdem bisher die ganzen "Kleinteile" auf Vollständigkeit überprüft wurden, folgen nun als Höhepunkt die Zelte, samt Gestänge und Zubehör. Hier muß kontrolliert werden, ob die eingelagerten Zelte die Lagerung seit dem vergangenen Lager heil überstanden haben. Es geht vor allem um zwei Probleme:

Pilzbefall

Fälschlicherweise auch als Stockflecken bezeichnet. Wenn die Zelte nach dem Abbau feucht eingelagert werden, finden die Pilzkulturen im Zeltgewebe nahezu ideale Voraussetzungen vor. Gegen die Pilzerreger, die sich im Boden, im Gras und in Küchenabfällen befinden, gibt es zur Zeit noch keine vorbeugende Imprägnierung. Um die Zerstörung des Gewebes zu verhindern, gibt es allerdings eine Möglichkeit. Das beschichtete Gewebe wird mit einem Schwamm von innen her mit einer 3%igen Natronlauge (auf 10 Liter Wasser kommen 300g Natronbleichlauge) angefeuchtet. Achtung, eine höhere Mischung kann wiederum das Gewebe zerstören. Die Einwirkzeit ist abhängig von der Intensität der Flecken. Anschließend sehr gut mit klarem Wasser spülen (auf keinen Fall organisches Lösungsmittel benutzen). Diese Behandlung muß von Zeit zu Zeit wiederholt werden. Bei dieser Arbeit sind unbedingt Augen, Atmungsorgane und Haut zu schützen!

Rost

Gerüste aus Stahlrohr rosten, wenn sie naß eingelagert werden. Zur Rostentfernung empfiehlt es sich, die betroffenen Stellen mit einer Drahtbürste oder Schmirgelleine zu bearbeiten. Mit Spiritus das Oberflächenfett entfernen und anschließend Rostumwandler auftragen. Zum Abschluß einen geeigneten Lack auftragen – fertig.

Transportkisten

Was nützen die schönsten Spiele, die umfangreichste Werkzeugsammlung oder die tollsten Zelte, wenn keine geeigneten Transport- bzw. Lagermöglichkeiten zur Verfügung stehen. Gut, zum Hintransport z.B. der Lebensmittel im Privat-PKW eignen sich auch stabile Kartons. Aber

Das Material vom Vorjahr wird gesichtet

spätestens im Zeltlager, inmitten der Natur müssen die Lebensmittel gegen Feuchtigkeit und lästige Mitesser (Insekten und andere Tiere) geschützt werden.

Auch zum Spülen braucht man stabile Behälter

Es bleibt keine Wahl, stabile Behälter müssen her! Wohl dem, der einen Schreiner oder einen handwerklich begabten Betreuer in seinen Reihen hat. Dann lassen sich schon mit relativ geringen finanziellen Mitteln große Erfolge erzielen: Kisten aus lackiertem Sperrholz oder den viel teureren Multiplexplatten (dafür sind die wasserfest verleimt). Spanplatten eignen sich weniger, da sie bei Feuchtigkeit schnell aufquellen und viel schwerer sind.

Die idealen Transport- und Lagerkisten sind allerdings solche aus Aluminium. Sie wiegen gerade mal die Hälfte, kosten aber kaum mehr als eine vergleichbare Kiste aus Sperrholz.

☺ Baumärkte haben ab und zu preiswerte Aluminiumimitate im Angebot. Augen auf, es lohnt sich!

Einladung Elternabend / Vortreffen

Hallo (Name des Kindes), liebe Eltern,

wie bereits angekündigt, möchten wir Euch hiermit zum Elternabend/Vortreffen unseres diesjährigen Zeltlagers einladen, der/das am Sonntag, den 18. Mai im Gemeindesaal stattfindet. Pünktlich um 15.00 Uhr fällt der Startschuss. Neben Kaffee, Kuchen und Erfrischungsgetränken haben wir noch ein Paket mit allerlei Informationen (Bilder, Spiele, ein bißchen Theater) für Euch geschnürt. Auch wird ausreichend Raum sein für die Fragen, die den ein oder anderen noch quälen. Und wer uns bis jetzt noch nicht kennt, der kann uns kennenlernen!!!

Verschiebt daher alle Termine, denn wir freuen uns auf Euch!

i.A. Martina Muster

Für Fragen stehen wir, wie immer, gerne unter 0175 / xx yy zz zur Verfügung!

PS: Als kleines Infohäppchen gibt's zur Anlage eine Kurzbeschreibung des Platzes und ein kleines 1x1 des Zeltlagers sowie den Insolvenzschein. Wer Ermäßigung beantragt hat, erhält mit dieser Einladung auch die notwendigen Formulare.

Leider fehlt uns von Ihnen noch: ....

....

....

Jugendzeltplatz und Pfarrer- Heinrich- Weber- Haus, Dittwar

Der Jugendzeltplatz mit seiner Lage, das neu gebaute Heinrich-Weber-Haus und die große Grünfläche bieten ideale Voraussetzungen für Jugend- und Familienfreizeiten.

Im Haus befinden sich neben den vorbildlichen sanitären Anlagen noch eine geräumige Edelstahlküche mit Vorratsraum, zwei Betreuerzimmer und ein Aufenthaltsraum. Unter dem Dach bieten zwei Matratzenlager reichlich Platz für unsere Kleinen.

Wer noch mehr zum Platz bzw. Haus erfahren möchte, findet weiter Infos und viele Bilder unter http://www.st-maria-mos.de/dittwar/

Wer, was, wann, wo ??

Abfahrtszeiten	Werden rechtzeitig vor dem Lager noch bekannt gegeben
Barfuss	Im Zeltlager gibt es Heringe aus Metall! Über die stolpert man manchmal. Daher immer Schuhe tragen!
Besuch	Ist in allen Zeltlagern dieser Welt unerwünscht.
Briefmarken	Gibt's am Lagerkiosk.
Checkliste	Wird rechtzeitig vor dem Lager noch zugeschickt.
Fotoapparat	Wer will, kann selbstverständlich einen Mitnehmen. Nur sollte es nicht gerade die nagelneue Digitalkamera des Papas sein.
Gepäck	Bitte nur soviel wie nötig! Keine Hartschalenkoffer, nur Reisetaschen oder Rucksäcke.
Getränke	Tee ist immer in ausreichender Menge vorhanden. Selbstverständlich kostenlos. Wer will kann auch am Lagerkiosk Mineralwasser zum Einkaufspreis kaufen.
Hausanschrift	PSG Sommerlager, Anschrift
Heimweh	Kann schon mal vorkommen. Wenn es aber zu heftig wird, nehmen wir Kontakt mit Ihnen, den Eltern auf. Versprochen!
Kleidung	Wir sind in einem Zeltlager! Also bitte keine Designerklamotten mitnehmen. Außerdem ist eine Kennzeichnung sinnvoll.
Lagerrat	Setzt sich zusammen aus der Lagerleitung, den Betreuern und gewählten Vertretern der Teilnehmer. Tagt alle zwei bis drei Tage.
Lagerregeln	Werden am Anfang des Zeltlagers vom Lagerrat festgelegt.
Medikamente	Wer regelmäßig Medikamente einnehmen muß, sollte dies am Beginn des Lagers der Lagerleitung oder den Betreuern mitteilen.
Taschengeld	Im Normalfall reichen 30 Euro. Dieses Geld wird zu Beginn des Lagers von der Lagerleitung in Verwahrung genommen (auf die Lagerbank eingezahlt). Bei Bedarf können davon kleinere Betrage "abgehoben" werden.
Telefon	Für den Notfall haben wir ein Handy dabei. Unter der Nummer: 0123 / xx yy zz können Sie uns erreichen oder zumindest eine Nachricht hinterlassen.
Telefonieren	Von Zeit zu Zeit gibt's dazu die Möglichkeit (Schwimmbad, Wanderungen, Stadtspiel, usw.).
Wertsachen	Bleiben besser zu Hause. Ist nix da, kann auch nix geklaut werden.
Zeckenschutzimpfung	Wir sind in der Natur. Sie kann also von Vorteil sein. Sprechen sie mit ihrem Hausarzt darüber.

Mai

Der Wonnemonat! Wer es noch immer nicht gemerkt hat, es ist Frühling! Jetzt hat es die Natur sehr, sehr eilig. Alles wächst, blüht, piepst und zwitschert. Was liegt da näher, als mit einem wohl vorbereiteten Vortreffen die Vorfreude auf die geplante Freizeit endgültig zu wecken.

Vortreffen / Elternabend

Von vielen ungeduldig erwartet! Besteht doch zum ersten Mal die Gelegenheit, alle Mitfahrenden auf einem Haufen zu sehen. Bei den Kindern, die schon öfters dabei waren gibt's ein großes Hallo, wobei die "Neuen" dieses Treffen nutzen können, um sich und die Betreuer zu beschnuppern. Dieses Vortreffen sollte daher nicht zu streng organisiert und durchgeführt werden. Vielmehr darf ruhig etwas von dem Flair der anstehenden Ferienfreizeit über allen schweben. Eingebettet zwischen einzelnen Informationshappen können Programmpunkte und lustige Spiele die Vorfreude und Spannung auf die Freizeit nun endgültig wecken.

So können sich Lagerleitung und Betreuer den Eltern und Kindern vorstellen

Bei aller Lockerheit sollten aber folgende Ziele im Fokus des Programmes stehen:

- ▷ Die erste Begrüßung. Lagerleitung und Betreuer sollten auf Eltern und Teilnehmer freundlich zugehen, wenn sie den Raum betreten. Zu einfach ist es, sich in eine Ecke zu verziehen und sozusagen zu flüchten. Zugegeben, für manchen ist das nicht leicht, aber es nimmt die ersten Berührungsängste.
- ▷ Das gegenseitige Kennenlernen. Besonders Eltern von kleinen Kindern, die das erste Mal dabei sind, wollen (zu Recht!) genau wissen, wem sie ihr Kind anvertrauen. Viele geben sogar zu, daß ihr Heimweh nach dem Kind oft viel größer ist, als umgekehrt. Daher – viel Zeit für das persönliche Gespräch einplanen!
- ▷ Kofferzettel, Packliste – die persönliche Ausrüstung. Selbst lang gediente Freizeitfahrer greifen noch gerne zu dieser wohl wichtigsten Checkliste. Es ist gut nachvollziehbar, daß weder Eltern noch Teilnehmer darauf verzichten wollen. Um sicher zu stellen, daß auch jeder dieses Blatt Papier erhält, wird es im letzten Elternbrief nochmals beigefügt.
- ▷ Allgemeine Informationen. Wie sieht der Tagesablauf aus? Wann wird geweckt, wann ist Nachtruhe? Auch Infos zum Haus, bzw. Zeltplatz dürfen hier nicht fehlen. Selbst Infos zum Speiseplan werden freudig aufgenommen.

- ▷ Sind besondere Programmpunkte geplant (HIKE-Day, 2-Tages-Wanderung) sollte darauf detailliert eingegangen werden.
- ▷ Fehlende Formulare. Falls noch das ein oder andere Formular fehlt, besteht nun die Gelegenheit, die betroffenen Personen darauf hinzuweisen.

Vorbereitung

Bevor es los geht müssen allerdings noch ein paar Kleinigkeiten vorbereitet werden. Das hängt natürlich hauptsächlich vom Programm und den örtlichen Möglichkeiten ab. Aber auch davon, ob eine Bewirtung geplant ist. Zumindest aber muß der Diaprojektor bzw Beamer eingerichtet sein und die Stühle sollten an der richtigen Stelle stehen.

☺ Vor dem Gruppenraum/Gemeindezentrum... werden exemplarisch ein paar Zelte aufgebaut und provisorisch mit geeigneten Lagerutensilien eingerichtet (Koch- und Schlafbereich, usw.). Dekoriert werden die Zeltwände mit einigen schönen Bildern der vergangenen Freizeiten. Auf diese Weise erhalten die "Neuen" am schnellsten einen Eindruck davon, was sie erwartet.

Zu Beginn

Bereits beim Eintreffen erhalten Teilnehmer und Betreuer ein Klebeband mit Ihrem Namen darauf, das sie sich gut sichtbar anheften sollten. So ist schnell erkennbar, wer auf die Freizeit mitfährt und man kann sich gegenseitig einfacher beim Namen nennen.

Begrüßung und Vorstellung

Nach den einleitenden Worten der Lagerleitung stellt sich das Betreuerteam vor. Neben Namen, Alter und Beruf ist auch die Erfahrung (Anzahl der bisherigen Lager) von Interesse. Zum Abschluß folgt die Aufgabe während der Freizeit.

Mini-Olympiade, Eltern gegen Kinder

Das ist eine schöne Gelegenheit mögliche Berührungsängste frühzeitig abzubauen. Der Spaß steht dabei im Vordergrund und es kommt etwas Leben in die Bude.

Aufgeteilt in fünf Disziplinen treten die Kinder dabei gegen ihre Eltern an. Falls manche Erwachsene Hemmungen haben, findet sich bestimmt Ersatz durch die Geschwister. So unterschiedlich die einzelnen Disziplinen auch sind, alle haben eines gemeinsam: die Eltern dürfen nicht gewinnen! Denn das Motto lautet: wer gewinnt, darf mitfahren und der Verlierer muß zahlen! Durch die Wahl der geeigneten Sportgeräte bzw. Disziplinen läßt sich das ganz einfach umsetzen.

Beispiele gefällig?

- ▷ Fünf mal durch einen Hullahup Reifen steigen. Allerdings bekommen die Kinder einen großen und die Eltern einen kleinen Ring.
- ▷ Wettlauf durch einen Hindernisparcours. Die Hindernisse werden natürlich so aufgebaut, daß sich die Erwachsenen gerade noch so durchzwängen können. Wer hier schneller ist, versteht sich von selbst!
- ▷ In den eigenen großen Fußzeh beißen. Hierbei haben selbst die beweglichsten Eltern erhebliche Schwierigkeiten.
- ▷ Limbo tanzen. Der Stock liegt selbstverständlich so tief, daß er nur für Kinder locker zu schaffen ist. Da kapitulieren die Eltern schon freiwillig.
- ▷ Bei der letzten Aufgabe, dem Schokokuss- Wettessen haben die Eltern endlich mal eine faire Chance. Leider nur fast. Denn unter Berücksichtigung der Größe bekommen die Kleinen einen kleinen und die Großen einen großen Schokokuss.

Die Dia- oder Beamershow.

Hierbei geht es nicht darum, nur schöne Bilder zu zeigen. Ganz im Gegenteil, durch eine geschickte Auswahl läßt sich enorm viel Information rüber bringen. So kann z.B. der Platz bzw. das Haus einfach beschrieben werden. In angenehmer Weise ist es möglich, verschiedene geplante Programmpunkte, die verschiedenen Dienste oder die Regeln zu erklären. Durch zusätzlich eingestreute Kommentare last sich so fast das ganze Lager beschreiben. Der Phantasie sind keine Grenzen gesetzt.

Rollenspiel zum Thema Packliste

Schon ein wenig Talent reicht aus, um zu beschreiben, was in die geplante Freizeit mitgenommen werden muß, oder was besser zu Hause bleibt. Durch die übertrieben Darstellung geeigneter Situationen (Teilnehmer kommt mit riesigem Hartschalenkoffer zum Bus oder packt im Zeltlager seine Stereoanlage aus) läßt sich beschreiben, worauf es bei einer Lagerausrüstung ankommt. Wer will, kann die Verteilung des Packzettels mit einarbeiten, oder diesen später verteilen.

Spiel

Zur Auflockerung folgt nun wieder ein wenig Bewegung in Form eines Spiels mit z.B. einem Fallschirm. Dabei stellen sich alle im Kreis um den Fallschirm auf und halten diesen in den Händen. Gleichmäßig oder in Wellenbewegung wird er langsam hoch und runter bewegt. Ab einem entsprechenden Kommando laufen dann verschiedenen Personengruppen unter dem Fallschirm hindurch auf die gegenüberliegende Seite. Alle mit blonden Haaren, alle 10-jährigen, alle Köche oder alle Eltern.

Wer will, kann auch einen Ball auf den Fallschirm werfen, der dann gemeinsam hin und her jongliert wird.

Verabschiedung und persönliches Gespräch

Zum Abschluss folgen noch ein paar Worte der Lagerleitung und die Erinnerung an noch fehlende Formulare. Auch die vorbereitete Packliste kann nun verteilt werden.

Ganz wichtig ist der Hinweis, daß Betreuer, Küche und Lagerleitung im Anschluß an das Treffen noch für persönliche Gespräche zur Verfügung stehen!

☺ Unter Umständen kann es sinnvoll sein, einen Anwesenheitsplan zu führen um bei Bedarf später auf diese Info zurückgreifen zu können.

Die "Eßsäckle" mit Geschirr und Besteck

Versicherungen

Nachdem zum jetzigen Zeitpunkt die Teilnehmer endgültig namentlich feststehen, ist es an der Zeit, die Ferienversicherungen abzuschließen. Wie das genau abläuft läßt sich am besten in einem Telefonat mit dem Versicherer (z.B. jugendhaus Düsseldorf e. V.) klären.

Packliste

Klamotten:
Hosen, kurz und lang
Warme Pullover
Weißes T-Shirt zum Batiken
T-Shirts
Regenbekleidung
Jacke
Socken
Unterwäsche
Schlafanzug
Jogginganzug
Sonnenhut
Badebekleidung
Sandalen
Gummistiefel
Wanderschuhe, Turnschuhe
Hausschuhe
Beutel für Schmutzwäsche
Mindestens eine Garnitur "Räuberzivil" (=Klamotten, bei denen bleibende Flecken keine Rolle spielen)

Für Katzenwäsche und mehr ......
Kulturbeutel mit:
Zahnbürste
Zahncreme
Kamm, Bürste
Seife
Duschgel, Shampoo
Waschlappen
Handtuch, Badetuch
Taschentücher
Ggf. Medikamente
Zahnspange.....
Mückenschutzmittel
Sonnencreme mit hohem Lichtschutzfaktor

Lagerausrüstung
Bettbezug
Spannbettuch (bei Hausfreizeit)
Schlafsack
Isomatte / Luftmatratze
Kleines Kopfkissen
Kuscheltier

Beutel (Eßsäckle) mit folgendem Inhalt:
tiefer Teller (kein Porzellan
flacher Teller (kein Porzellan)
Tasse (kein Porzellan)
Besteck
2 Geschirrhandtücher

Sonstiges
Vesper für die Anreise
Taschenlampe
Schreibzeug, Liederbuch
Kleiner Rucksack für Tagesausflug
Trinkflasche (kein Glas- o.Thermobehälter)
Geld- oder Brustbeutel für Taschengeld
Kopie des Impfbuches und Karte der Krankenkasse im verschlossenen Umschlag mit Namen

Zu Hause bleiben sollten:	MP3-Player / Discman
Gameboy	Handy

Noch eine kleine Bitte:

Verzichten Sie auf die Verwendung eines Hartschalenkoffers. Sowohl beim Transport als auch bei der Lagerung während der Freizeit haben diese meist sehr großen, sperrigen Gepäckstücke eine Reihe von Nachteilen. Am besten eignen sich alte Reisetaschen oder Rucksäcke!

Ordentliche Kinder im ordentlichen Zelt!

Zum Schluß noch ein Tip:

Die Erfahrung hat gezeigt, daß es sinnvoll ist, die Kleidungsstücke zu kennzeichnen.

Juni

Der Frühling verabschiedet sich und es wird endlich Sommer! Die Zeit der großen Vorbereitungen ist vorüber. Was nun noch ansteht, sind hundert Kleinigkeiten! Sie sind zwar nicht essentiell, aber gerade sie können das Lager zu etwas Besonderem machen.

Aufgaben der Lagerleitung

Kontrollanruf beim Busunternehmen.

Da niemand vor unliebsamen Überraschungen gefeit ist, empfiehlt es sich noch einmal mit dem gebuchten Busunternehmen zu telefonieren. Einerseits kann auch dort mal ein Fehler unterlaufen, andererseits sollten die exakten Abfahrtszeiten abgesprochen werden.

☺ Um einer weiteren negativen Überraschung vorzubeugen, empfiehlt es sich, nochmals ausdrücklich auf den Umfang des zu erwartenden Gepäcks hinzuweisen.

Anruf beim Hütten-/Platzwart

Um die Ankunft am Platz/Haus möglichst reibungslos zu gestallten, ist es notwendig eine geordnete Übergabe durchzuführen (Schlüsselübergabe für Schranke oder Haus, Rundgang mit Erklärungen, Zählerstandskontrolle). Das geht natürlich nur mit dem Verantwortlichen vor Ort. Daher sollte möglichst früh ein Zeitpunkt für die Platz- bzw. Hausübergabe vereinbart werden. Bei Bedarf können noch während der Fahrt telefonisch Korrekturen vorgenommen werden.

Brauereigarnituren

Falls zum Zeltplatz bzw. Haus keine Sitzbänke und Tische für draußen (Brauereigarnituren) gehören, müssen diese angemietet werden. Der beste Anlaufpunkt hierfür ist der örtliche Getränkehändler. Sinnvollerweise wird er auch der Getränkelieferant der Freizeit sein, denn dann gibt's die Garnituren meistens umsonst.

Gottesdienst

Gottesdienst

Ist ein Gottesdienst geplant, muß spätestens jetzt Kontakt zum Pfarrer vor Ort aufgenommen werden. Je nachdem ist ein Gottesdienst im Lager oder der Besuch in der örtlichen Kirche denkbar. Wer es sich zutraut, kann auch selbst einen Wortgottesdienst gestalten.

Überfall organisieren

Für viele Zeltlager-Teilnehmer ist ein Überfall einer der Höhepunkte eines Lagers. Schon kurz nach der Ankunft gibt es meist die ersten Gerüchte über einen bevorstehenden Überfall in der Nacht.

Grundsätzlich ist ein gut inszenierter Überfall etwas sehr Schönes! Allerdings nur, wenn bekannt ist, wer ihn durchführt. Freunde, Ehemalige oder Verwandten sind daher schnell zu überreden, einen mottobezogenen Überfall durchzuführen.

Wenn sie dann mitten in der Nacht (so gegen 0 Uhr = Geisterstunde) als Hexen und Zauberer über den Platz rennen und dabei irgendwelche Laute von sich geben, beweisen selbst die eher schüchternen Kinder, wie mutig sie sein können.

Begehrt - die Lagerfahne!

Mal abgesehen vom zeltlagertypischen Ritual der Lagerfahne klauen, sollte ein nächtlicher Überfall von Unbekannten niemals unterschätzt und daher besonders kritisch begutachtet werden. Auf keinen Fall dürfen die Kinder aus den Zelten!

Erstens könnten die Beweggründe durchaus krimineller Natur sein und zweitens richten sich Förster und Bauern mit eventuellen Schadensansprüchen an die Lagerleitung und nicht an die nächtlichen Ruhestörer. Erfahrungsgemäß ist es am sichersten, solche Überfälle zu ignorieren.

Abrechnungsblock

Bei der Vielzahl der Ausgaben während einer Freizeit sammeln sich in der Küche und bei der Leitung sehr schnell eine große Anzahl von Belegen und Quittungen an. Zum einen ist es wichtig, den Überblick nicht zu verlieren und zu anderen gilt es, nach der Freizeit an Hand einer seriös erstellten Abrechnung die Ausgaben aufzulisten.

Eine große Hilfe hierfür sind speziell zugeschnittene, fest gebundene Abrechnungsblöcke für Küche und Leitung. Entsprechend der zuvor erstellten Kalkulation werden Spalten definiert *(Küche: Datum, Belegnummer, Geschäft, Lebensmittel, Hygiene, sonstiges, Einahmen vom Konto, Ausgaben; Leitung: Datum, Belegnummer, Geschäft, Investitionen, Bastelmaterial, Eintritt, sonstiges, Ausgaben)*, in denen die Ausgaben nach Tagen sortiert eingetragen werden. Die zugehörigen Quittungen werden nummeriert und im hinteren Teil der Abrechnung eingeklebt.

☺ Wer die geplanten Ausgaben in den Kopf der Abrechnung einträgt, behält den Überblick!

Besitzer eines Computers können die Ausgaben auch gleich in eine EXCEL-Tabelle eingeben. Das erspart die mühsame Rechnerei mit dem Taschenrechner.

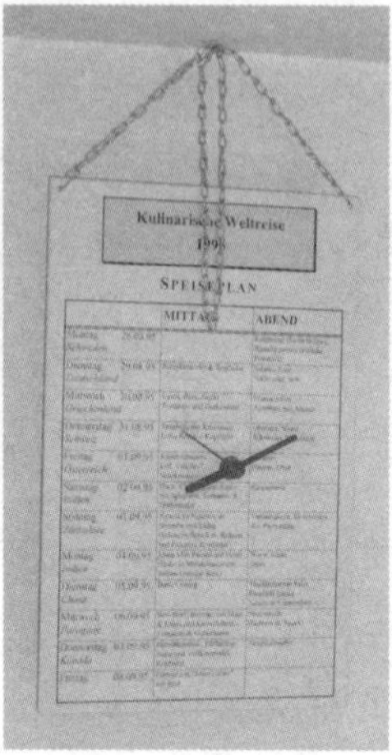

Die Speiseuhr

Speiseplanuhr

Ein besonders schönes und dabei nützliches Teil ist eine Küchenuhr, auf deren Zifferblatt der Speiseplan abgedruckt ist.

Am einfachsten geht das, indem der Speiseplan optisch etwas aufgepeppt und auf ein A4-Blatt ausgedruckt wird. Dieses Blatt wird auf ein passendes Brett geklebt und an einer geeigneten Stelle ein Loch gebohrt. Darin läßt sich ein handelsübliches Uhrwerk (erhältlich im Bastelladen oder Elektronikversand) montieren und fertig ist die Speiseplanuhr!

Aufgaben der Betreuer

Tennisbälle für die Heringe

Wer rechtzeitig beim örtlichen Tennisclub angefragt hat, kann jetzt hoffentlich einen ganzen Sack voll alter Tennisbälle abholen. Diese Bälle werden im Zeltlager kreuzweise eingeschnitten und über die Heringe gestülpt. So geschützt, geht von den Heringen bedeutend weniger Gefahr aus.

Brennholz für Lagerfeuer und Lagerbauten

Leider gibt es immer wieder Zeltplätze, die nur über wenig oder gar kein Feuer- bzw. Bauholz verfügen. In diesem Fall kann eine Schreinerei oder ein Sägewerk unter Umständen behilflich sein. Manche Firmen stellen gerne ihr Abfallholz zur Verfügung. Fragen kostet (fast) nichts.

Blanko-Urkunden

Für Spiele wie Lagerolympiade, Postenläufe usw. ist es in vielen Lagern üblich, wie bei echten Sportveranstaltungen Urkunden an die Sieger zu überreichen. Dank Computer ist es ein Leichtes, entsprechende Blanko-Urkunden herzustellen.

Namensschilder

"Ähhh... du da, kommst du mal?" Wer kennt diese Situation nicht? Das passiert immer dann, wenn sich der Name des Teilnehmers noch nicht eingeprägt hat. Um dies etwas zu erleichtern, hat sich die Verwendung von Namensschildern bewährt.

hübsch und sinnvoll - Namensschilder!

Um nicht beim langweiligen Kreppstreifen zu enden, bietet sich auch hier die Anlehnung an das Lagermotto an. Ein hübsch gestaltetes Schild sieht nicht nur gut aus, es wird auch viel lieber und länger getragen.

Basis für viele Ausführungen ist eine einfache Wäscheklammer aus Holz oder eine Anstecknadel, auf die das Namensschild geklebt wird. Genau so einfach und schön ist aber auch ein Anhänger (z.B. eine kleine Holzscheibe), der mit Holzperlen und Federn geschmückt werden kann.

Halstücher batiken

In manchen Zeltlagern sind die Teilnehmer in feste Gruppen eingeteilt, die während der Freizeit zusammen mit einem Betreuer das Programm bestreiten. In Anlehnung an die Tradition der Pfadfinder erhalten sie als sichtbares Zeichen eine gebatikte Baumwollwindel, wobei jede Gruppe ihre eigene Farbe bekommt. Lagerleitung und Küche erhalten eine eigene Farbe.

Diese Windel dient zu einen der Übersicht und zum anderen sieht es einfach gut aus, wenn 60 Kinder mit bunten Tüchern durch die Stadt tigern.

Beim Batiken müssen unbedingt die Vorgaben des Herstellers beachtet werden. Es ist sehr ärgerlich, wenn schon beim ersten Regen die T-Shirts die Farbe der Windel annehmen, was sich im Übrigen nicht mehr auswaschen läßt.

Lager T-Shirt

Analog zu den Teilnehmergruppen bilden Lagerleitung, Küche und Betreuer natürlich auch wieder eine eigene Gruppe. Was liegt also näher, als auch hierfür ein sichtbares Zeichen zu definieren - das Lager T-Shirt! Wohl dem, der sich schon im Vorfeld Gedanken über ein passendes, Motto bezogenes Lager- Logo gemacht hat. Dieses Logo, das vielleicht schon die Anmeldebestätigung geziert hat, ist nun auch ideal für die Vorderseite des T-Shirts. Auf die Rückseite kommen die Logos der Sponsoren (soweit es welche gibt) und fertig ist ein "Kleidungsstück" das von vielen noch lange in Ehren gehalten werden wird.

Liederbuch

Das ideale Liederbuch gibt es nicht! Zu unterschiedlich sind die Vorlieben der verschiedenen Lagergemeinschaften. Daher stellen sich die meisten Lagerteams Ihre eigene Sammlung zusammen. Ob kopiert oder handgeschrieben, die äußere Form ist nicht ganz so wichtig. Hauptsache, die Noten für die Gitarrenspieler fehlen nicht, der Einband ist zeltlagertauglich und das Buch läßt sich bei Bedarf problemlos erweitern.

Fünftes und letztes Betreuertreffen

Zwei bis drei Wochen vor der Abfahrt trifft sich das Team ein letztes Mal, um die Abfahrtsmodalitäten festzulegen. Weiterhin gibt es sicher noch verschiedene Punkte, die zu klären sind. Daher sollte für dieses Treffen genügend Zeit eingeplant werden.

Letzte Aufgaben vor der Freizeit:

Der Dienste-Plan wird präsentiert.

Die Dienste! Zum einen ungeliebt, zum anderen heiß ersehnt. Aber zu einem richtigen Lager gehören alle. Egal in welcher Form die einzelnen Dienste durchgeführt werden, es ist wichtig, daß dabei niemand benachteiligt wird.

Genau so wichtig ist die Anwesenheit eines Leiters. Durch seine Mitarbeit (er soll aber auch nicht alles alleine machen) begreifen die Kinder die Dienste als notwendiges Übel und nicht als "Sklavendienst" für die Betreuer.

Neben den nachfolgend beschriebenen Arbeiten sind selbstverständlich noch weitere sinnvolle Dienste denkbar, wie z.B. Holz holen, Abfall beseitigen, Morgengymnastik gestalten, Wasser holen, usw.

Nachtwache

Gibt es was Schöneres für ein Kind? Manche Teilnehmer freuen sich schon Wochen vorher auf diesen Moment. Denn dann dürfen sie viel länger wach bleiben, am Lagerfeuer sitzen und Brotscheiben rösten. Wer besonderes Glück hat, schreckt bei einem nächtlichen Rundgang sogar einen "Überfäller" auf. Wie lange die Nachtwache allerdings dauert, sollte jedes Team für sich festlegen. Da gibt es je nach Veranstalter erhebliche Unterschiede.

Mädels beim Spüldienst - keine Diskriminierung - war in einem Mädchenlager!

Küchendienst

Für die Kinder ist es immer ein tolles Erlebnis, wenn sie schon beim "Schnippeln" und Kochen mithelfen dürfen und nicht erst beim Spülen. Falls es die örtlichen Gegebenheiten (Höhe der Kochstelle, sicherer Stand, usw.) und das Programm zulassen, Küchentür auf und ´rein mit den Kleinen!

Zu berücksichtigen ist, daß bei einer warmen Mahlzeit viel mehr Arbeit anfällt, als bei einer Kalten. Aus diesem Grund gibt es zwei verschiedene Dienste: Küche 1 (=warm, Mittag-/Abendessen) und Küche 2 (=kalt, Frühstück und Mittag-/Abendessen). Die Wertigkeit der beiden Dienste ist gleich.

Nicht beliebt, aber nötig: der Dobadienst

Dobadienst

Zuerst einmal, was ist ein Doba? Do= Donner und ba= Balken: Donnerbalken, die Toilette! Versteht sich von selbst, daß dieser Dienst mindestens einmal pro Tag durchgeführt werden muß! Neben geeigneten Reinigungsmitteln (Haushaltshandschuhe, Scheuer- und Desinfektionsmittel) ist hierbei besonders die ständige Anwesenheit des Betreuers notwendig. Denn ohne ihn läuft gar nix. Irgendwie verständlich, oder?

Ein weiteres notwendiges Übel – die Lagerregeln

Genauso lästig, aber zugleich notwendig wie die Dienste sind die Lagerregeln, die selbstverständlich nicht nur für die Teilnehmer gelten! Grundsätzlich sollte eine Lagergemeinschaft mit möglichst wenig Regeln auskommen. Je nach Alter und Zusammensetzung ist der Umgang mit manchen Dingen (Drogen, Feuer oder Schutz der Natur) aber eindeutig zu klären. Dabei ist auf den Gebrauch von Ausdrücken wie "Verboten" oder "Nicht erlaubt" möglichst zu verzichten.

Wer die Regeln dagegen vernünftig definiert (in Abstimmung mit dem Lagerrat) und in einem lustigen Rahmen präsentiert, kann davon ausgehen, daß sie meist ernst genommen werden.

Rechts ein Beispiel aus einem Pfadfinderinnen-Zeltlager für 9-13 jährige Mädchen, das unter dem Motto "2000 und eine Nacht" stattfand:

Rund um die Fahrt:

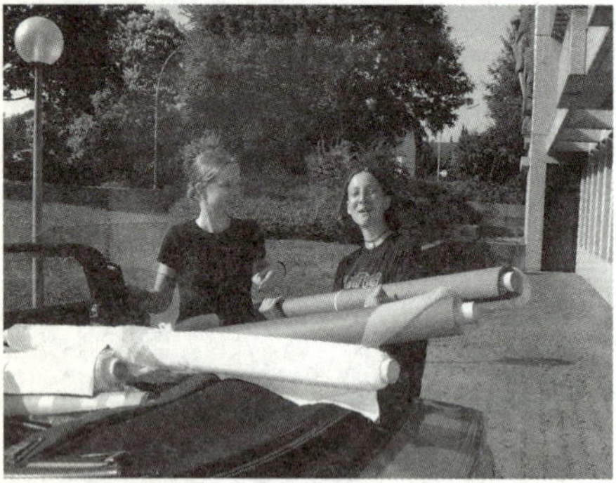

Stoffspenden werden verladen!

Wann wird das Material verladen?

Möglichst am letzten Abend vor der Abfahrt trifft sich das ganze Team um das Material zu verladen. Voraussetzung hierfür ist ein geeignetes Transportfahrzeug. Ist die Gruppe nicht zu groß, kann das Material u. U. auch im Bus transportiert werden.

Wann und wo ist Treffpunkt vor der Abfahrt?

An einem geeigneten Ort (Parkplatz, Gruppenraum) trifft sich das Team um sich gemeinsam auf den Weg zu machen. Nur in Ausnahmen sollte ein Fahrzeug alleine fahren.

Lagerregeln

(ككقق ففغغغ ععع)

Der Großwesir und sein Harem bitten EUCH freundlichst folgende Regeln zu beachten:

1. DEN ANWEISUNGEN DER SCHEICHS (LEITER) IST FOLGE ZU LEISTEN!!

2. Haltet euch an die Zeiten des Tagesablaufes:

8:00	Uhr	Wecken
8:15	Uhr	Frügy & Morgi
8:30	Uhr	Frühstück
9:30	Uhr	Programm
12:30	Uhr	Mittagessen, anschließend Mittagspause
15:00	Uhr	Programm
18:30	Uhr	Abendessen
20:00	Uhr	Abendprogramm
22:30	Uhr	Nachtruhe

3. Im Falle eines (Über-) Falles verfahren die Pfadis nach Plan B, die Wichtel nach Plan A!

4. Seid nett zu allen anderen Teilnehmern!

5. Laßt nichts auf dem Lagerplatz herumliegen. Alles was bis zum Anbruch der Dunkelheit nicht weggeräumt ist, schnappt sich der Lagerwolf(gang)!

6. Abfall gehört in die dafür vorgesehenen Behälter!

7. Tragt eure Namenskettchen!

8. Der Lagerplatz darf nicht ohne Leiter (!) verlassen werden
!

9. Wenn es heiß ist: Trinkt genügend und denkt an Sonnenschutz (eincremen + Mütze/Hut)!

10. .... und gemeckert wird nicht!!

Wer fährt mit wem?
Unter Berücksichtigung des Gepäcks, des Wohnortes oder den persönlichen Sympathien wird besprochen, wer mit wem fährt.

Wer kümmert sich um die Reiseroute?
Findet die Ferienfreizeit während der Urlaubszeit statt, bekommt dieser Punkt besondere Brisanz! Denn schon so manche Fahrt endete früh in einem kilometerlangen Stau auf der Autobahn. Umso wichtiger ist es, auf Stauwarnungen zu achten und bei Bedarf Alternativen griffbereit zu haben. Dabei helfen Routenplaner vom PC und Servicenummern auf dem Handy. Außerdem ist das Handy eine prima Möglichkeit um untereinander Kontakt zu halten.

Busquiz

Um die Anreise im Bus für die Teilnehmer kurzweiliger zu gestalten, bietet sich ein Quiz an. Im Stil einer Stadtrallye erhalten jeweils zwei nebeneinander sitzende Kinder Fragen zur Fahrtroute, zu Autoschildern oder zur Umgebung. Der Fantasie sind auch hier (fast) keine Grenzen gesetzt. Verschont werden sollte allerdings der Busfahrer, der muß sich auf die Fahrt konzentrieren und die Kinder sicher ans Ziel bringen!

Die Bekanntgabe der Sieger erfolgt nach der Ankunft beim ersten Abendessen.

Letzter Elternbrief

Kurz bevor die Reise losgeht, erhalten die Eltern ein letztes Infoschreiben mit den Abfahrtszeiten und einigen notwendigen Erinnerungen (z.B. Taschengeld, Impfbuch usw.). Auch falls noch einige Formulare fehlen, kann in diesem Rundschreiben darauf hingewiesen werden. Abgerundet wird alles durch die Checkliste für die Klamotten, da sicherlich nicht alle Eltern beim Vortreffen teilnehmen konnten.

☺ da sich die genaue Ankunftsuhrzeit der Rückreise nicht exakt planen läßt, kann es sinnvoll sein, eine sog. Telefonkette zu installieren. Hierbei werden einige Eltern während der Rückfahrt angerufen und informieren dann die restlichen Eltern nach einem zuvor festgelegten Plan.

Liebe Kinder, liebe Eltern,

der Countdown läuft! Es sind nur noch wenige Tage bis zum Beginn unseres diesjährigen Sommerlagers! Die Vorbereitungen sind soweit abgeschlossen und wir freuen uns sehr auf die zwei Wochen. Damit alles reibungslos klappt, gibt es hier noch ein paar wichtige Infos:

Die geplanten Busabfahrtszeiten sind wie folgt:

Abfahrt:	**Montag, 14. Juli**	
Marktplatz:	Treffpunkt:	12.45 Uhr
	Abfahrt:	13.00 Uhr
Busbahnhof:	Treffpunkt:	13.00 Uhr
	Abfahrt:	13.15 Uhr
Kirche:	Treffpunkt:	13.15 Uhr
	Abfahrt	13.30 Uhr
Ankunft:	**Freitag, 25. Juli**	
Kirche:		ca. 16.30 Uhr
Busbahnhof:		ca. 16.45 Uhr
Marktplatz:		ca. 17.00 Uhr

Lageradresse: PSG Sommerlager, Weißenbachtal, 78141 Schönwald

Zur Erinnerung:

Denken Sie bitte daran, daß Besuche während des Lagers nicht erwünscht und vor allem pädagogisch nicht sinnvoll sind.

Legen Sie die Kopie des Impfbuches zusammen mit dem Versichertenkärtchen der Krankenkasse in einen Briefumschlag und beschriften diesen mit dem Namen Ihrer Tochter / Ihres Sohnes.

In ein zweites, ebenfalls beschriftetes Kuvert geben Sie bitte das Taschengeld. Es kann dann während den "Schalterstunden unserer Lagerbank" in kleineren Beträgen abgehoben werden. Zinsen gibt es leider keine!

Wir werden diese beiden Umschläge bei der Abfahrt einsammeln und im Sommerlager sicher aufbewahren.

Zudem haben wir bei der Durchsicht unserer Unterlagen leider feststellen müssen, daß von Ihnen noch folgende Unterlagen fehlen:

o Verbindliche Anmeldung
o Gesundheitsfragebogen
o Einverständniserklärung
o Einzugsermächtigung

Falls Sie nun noch Fragen haben, stehen wir Ihnen unter 0175/xx yy zz gerne zur Verfügung.

I.A. Martina Muster

Juli

Endlich ist es soweit! Die Ferien beginnen und das Sommerlager steht unmittelbar bevor. Seit fast einem Jahr wurde daraufhin gearbeitet, nun wird es wirklich Zeit, daß es endlich losgeht.

Wenn die Spannung steigt und alle dem großen Augenblick, der Abfahrt entgegenfiebern, gilt es vor allem für die Lagerleitung Ruhe zu bewahren. Jetzt zahlt es sich aus, wenn in den letzten Wochen gewissenhaft gearbeitet wurde.
Kurz vor der Abfahrt sollte sich die Lagerleitung nochmals vergewissern, daß auch wirklich alle Dokumente wie Anmeldung, Gesundheitsfragebogen, Einverständniserklärung usw. vorhanden sind.

So wie der Juni endete, so geht's im Juli weiter: es sind auch jetzt noch viele Kleinigkeiten zu erledigen. Aber keine Angst, von Tag zu Tag werden sie weniger!

Aufgaben der Lagerleitung

Bargeldnachschub organisieren

Aus Gründen der Sicherheit ist es nicht ratsam, das gesamte Budget in Form von Bargeld mit ins Lager zu nehmen. Somit wird es notwendig, vor Ort dafür zu sorgen, daß der Rubel rollt. Basis dafür ist eine Chipkarte mit Geheimnummer (Achtung, Lieferzeit und Regeln der Geldinstitute beachten!). Die gibt's bei der Hausbank zu moderaten Gebühren, zusammen mit der Info über hauseigene Geldautomaten in der Nähe der Ferienfreizeit.

Geld gibt's natürlich auch an Automaten anderer Banken, aber die lassen sich das durch zum Teil hohe Gebühren gut bezahlen.

Bei dieser Gelegenheit sollte auch gleich für genügend Wechselgeld gesorgt werden. Gerade zu Begin einer Freizeit ist der Bedarf an Kleingeld in den unterschiedlichen Kassen (Getränke, Taschengeld, Post und Süßigkeiten) enorm hoch.

Fotokopien

Während einer Ferienfreizeit gibt es eine Reihe von Spielen, bei denen verschiedene Tabellen und Vorlagen benötigt werden z.B. Laufzettel für Lagerolympiade und Postenparcours oder Stimmzettel für die Wahl des geplanten Lagerrates.

Am Wandertag sollte jeder Betreuer eine Kopie der Wanderkarte erhalten, auf der die Wegstrecke markiert wurde. So ausgestattet finden alle wieder nach Hause, sollte die Gruppe sich einmal aufteilen.

Eine nette Idee ist auch die Verwendung eines "Sparbuches" für das Taschengeld. In Anlehnung an die Originale der Geldinstitute wird ein kleines Büchlein oder Faltblatt erstellt in welches das Guthaben oder die Abgänge eingetragen werden.

☺ Selbst dem routiniertesten Lagerleiter wird es nicht gelingen, in den letzten Tagen vor einer Freizeit den absoluten Überblick zu behalten. Es ist daher keine Schande sich mit einem Notizbuch zu bewaffnen, in das die "Geistesblitze" eingetragen werden.

Aufgaben der Betreuer

Material für Workshops

Sofern die Workshops bereits im Vorfeld festgelegt wurden, besteht nun die Möglichkeit, die notwendigen Materialien zu besorgen. Das ist immer dann besonders sinnvoll, wenn während des Lagers kein geeignetes Fahrzeug für die Lagerleitung zum Einkaufen zur Verfügung steht. Außerdem vergeht während dem Ferienlager keine wertvolle Zeit für die Besorgung dieser Artikel. Von Nachteil ist allerdings, daß die Flexibilität dabei etwas leidet.

Mandalas

Malen und Basteln macht den meisten Kindern viel Spaß. Das Ausmalen von Mandalas führen die Kinder mit einer Hingabe aus und üben ohne es zu bemerken ihre Konzentration. Durch die vielfältigen Materialien mit denen Mandalas gestaltet werden können, entwickeln die Kinder ein gutes Gefühl für Formen und Farben und trainieren ihre motorischen Fähigkeiten. Ob der Kreis nun von innen nach außen, von rechts nach links oder umgekehrt gestaltet wird, ist völlig unerheblich. Durch dieses konzentrierte Arbeiten entsteht bei den Kindern eine innere Ruhe und Ausgeglichenheit. Ein guter Ausgleich zu dem doch manchmal recht hektischen Lagerleben.

Betttuch für Lagerfahne

Was wäre ein Zeltlager ohne Lagerfahne? Aufgehängt am Lagerkreuz, einem hohen Baum oder dem eigens dafür errichteten Fahnenmast zeigt sie weithin sichtbar z.B. das Emblem des Veranstalters oder das Motto des Lagers.

Je nach Gruppierung gibt es rund um die Lagerfahne die unterschiedlichsten Regeln und Bräuche. Vom morgendlichen Ritual des Fahne Hissens bis hin zum nächtlichen Klauen, einer vor allem bei Pfadfinderweit verbreiteten Sitte.

Eines aber haben alle gemein: von den Teilnehmern selbst bemalt, ist die Lagerfahne am Schönsten! Preiswerte Grundlage dazu ist ein (wenn möglich) dünnes Bettlaken.

Fantasievolle Buffets müssen schon vor der Abfahrt vorbereitet werden

Aufgaben des Küchenteams

Teesack nähen

Wohl das Hauptgetränk während einer Freizeit für Kinder und Jugendliche ist Tee, in den verschiedensten Geschmacksrichtungen. Gerade dann, wenn Tee in großen Mengen verbraucht wird, hat sich Tee in losem Gebinde (also keine Teebeutel) als vorteilhaft erwiesen.

Um die Teekräuter nach dem Ziehen nicht mühsam abseihen zu müssen, bietet sich der Gebrauch eines Teesackes aus Baumwolle an. Hierzu wird aus einem geeigneten Streifen Stoff oder einem Geschirrhandtuch ein Sack genäht. Das offenen Ende wird umgeschlagen und so vernäht, daß sich eine Kordel durchziehen läßt. Fertig ist der Zeltlager-Teesack.

Lebkuchenaufbauten

Ein Vorschlag für besonders kreative und fleißige Lagerköche und -Köchinnen: ein Abschlußbüfett mit Aufbauten aus Lebkuchen. Hierzu ist es notwendig, bereits vor der Freizeit die Einzelteile aus Lebkuchen oder besser aus Honigkuchenteig zu backen.

Entsprechend dem Motto wird aus Karton ein Model erstellt (z.B. Hexenhaus, Burg oder Indianerzelt). Dann wird das Model wieder in so viele Einzelteile zerlegt, wie als Vorlage (sozusagen Schnittmuster) benötigt werden. Nun wird der Teig zubereitet, die einzelnen Teile zugeschnitten und gebacken. Nachdem die Lebkuchenstücke abgekühlt sind, müssen sie so verpackt werden, damit sie im Lager vor Ungeziefer sicher sind.

Vor dem Aufbau des Büfetts werden sie dann nur noch mit einer Zitronensaft-Zuckermasse zusammengesetzt und dekoriert.

Salatkräuter in Öl

Noch ein Tip für eifrige Lagerköche und –Köchinnen: Salatkräuter in Öl einlegen. Dazu werden geeignete Salatkräuter (Petersilie, Schnittlauch, Liebstöckel usw.) aus dem eigenen Garten gewaschen, gut trocken getupft und klein gehackt. Anschließend wird ein Glas zu 2/3 mit den Kräutern gefüllt und mit Sonnenblumenöl übergossen. Fest verschlossen halten sich die Kräuter im Kühlschrank mindestens eine Woche.

Lebensmittel einkaufen

Zwei, drei Tage vor der Abfahrt ist eine gute Zeit für den großen Lebensmitteleinkauf. Wer in der Nähe eines Großmarktes wohnt, kann einen Großteil der haltbaren Zutaten und Konserven jetzt schon einkaufen und mit auf die Freizeit zu nehmen. Aber Vorsicht vor einem Kaufrausch. All zu schnell sind Dinge eingekauft, die es vor Ort beim Discounter fast zum gleichen Preis gibt. Daher gilt auch hier: Preise vergleichen!

Was auf jeden Fall eingekauft werden sollte, sind die Lebensmittel für den Vortrupp, zumindest die haltbaren. So bleibt am Zielort mehr Zeit für die Besorgung der Frischwaren wie Salat und Gemüse, Wurst und Fleisch, aber auch Getränke. Nebenbei lassen sich hier schon die ersten Kontakte zu den Filialleitern knüpfen. Neben Brot- und Fleischbestellungen besteht hier die Möglichkeit, über Angebotsaktionen und Mengenrabatt zu sprechen.

Kurz vor der Abfahrt

Packen

Eigentlich ein Klacks – sollte man meinen. Schließlich ist doch schon alles in Kisten vorbereitet, oder? Weit gefehlt, denn was da noch alles auftaucht, ist schon überraschend. Da ein Ordner, dort ein Stall voll Bücher, die Gitarre und dann auch noch der Laptop incl. Drucker, der unbedingt mit muß!? Bastelmaterial, das nicht eingeplant war und zu guter Letzt kommen auch noch ein paar Eltern mit selbst gebackenen Kuchen.

Nun gilt es Ruhe zu bewahren und vor allem eines nicht zu vergessen: den eigenen Rucksack zu packen!

Verladen des Materials

Um am Abreisetag die Nerven und die Muskeln nicht allzu sehr zu strapazieren, sollte das gesamte Material möglichst am Abend zuvor in den angemieteten LKW oder Transporter verladen werden. Dabei werden die schweren, sperrigen Gegenstände wie Kisten und Zeltheringe zuerst eingeladen. Dann folgen Zeltstangen und die stabilen Kartons mit den Lebensmitteln. Darauf werden die Zelte gepackt. Als letztes folgen die leichteren Gegenstände.

So ist zum einen gewährleistet, daß der Schwerpunkt im Transporter möglichst weit unten liegt und zweitens sensible Gegenstände möglichst nicht beschädigt werden.

Um sicher zu stellen, daß auch wirklich nichts vergessen wurde, ist eine begleitende Kontrolle in Form einer Checkliste zum Abhaken zu empfehlen. Es versteht sich von selbst, daß nachfolgende Liste nur ein Beispiel sein kann. Zu unterschiedlich sind die einzelnen Ferienfreizeiten.

Kurzcheck vor der Abfahrt:	Bälle (Fußball, Volleyball, Federball...)
Zelte incl. Zeltstangen und Heringe	Erste Hilfe-Koffer
Bastelmaterial	Liederbücher
Werkzeuge	Karteikasten
Wasserschläuche und Wasserhähne	Geldkarte
Lattenroste	Handy für Notfälle
Gaslampen	Lebensmittel
Spiele	Transporter überladen????

Wetterbericht und Verkehrsfunk

Es versteht sich von selbst, daß sich möglichst jeder Beteiligte darüber informieren sollte. Nur wer die zu erwartende Situation kennt, kann sich rechtzeitig darauf einstellen.

Der Tag X – Aufbruch zum Vortrupp

Wer noch nie bei einer Kinder- oder Jugendfreizeit dabei war, könnte nun annehmen, daß der Abfahrtstag eigentlich gar nichts besonderes sein kann. Schließlich ist doch alles organisiert und verpackt.

Weit gefehlt! Wenn es auch am Anfang noch ganz harmlos aussieht, so geht es doch später Schlag auf Schlag. Sehr schnell erreicht dann der Adrenalinspiegel der Betreuer bis dahin unbekannte Höhen.

Der Treffpunkt

Häufig ergeben sich hier schon die ersten Probleme. Der eine kommt zu spät, der nächste hat was vergessen und in so manchem Tank herrscht auch noch gähnende Leere. Logisch, daß es noch eine ganze Weile dauert, bis sich die Karawane in Bewegung setzt.

Zum Schluß noch schnell ein bißchen Chaos verursacht an der heimischen Tankstelle, wenn nämlich fünf Autos in der Gegend rum stehen, alles blockieren und nur einer tankt. Dann endlich heißt es: Abfahrt!!!

Besser geht's allerdings, wenn einige Kleinigkeiten beachtet werden:

- ▷ in jedem Auto sollte sich ein Handy befinden. So ist der Kontakt zwischen den Autos gewährleistet (wenn man daran gedacht hat, vorher die Nummern auszutauschen)
- ▷ außerdem erhält jeder Fahrer eine ausgedruckte ausführliche Reiseroute
- ▷ nochmaliger Anruf beim Platzwart/Hausverwalter bei der Abfahrt
- ▷ gemeinsam fahren (der Langsamste fährt voraus)
- ▷ keine Wettrennen veranstalten, auch wenn es im rechten Fuß noch so juckt
- ▷ Raucher- und Pinkelpausen festlegen.
- ▷ kurz vor dem Ziel (Autobahnparkplatz oder Ortseingang) einen Treffpunkt festlegen. Gemeinsam ankommen ist immer schöner.

"Zeltlager und Jugendfreizeiten 2 - Durchführung

Generell lassen sich die anfallenden Arbeiten um eine Ferienfreizeit recht einfach in drei Kapitel einteilen: die Vorbereitung, das Lager und die Nachbereitung!

Nachdem sich die bisherigen Kapitel recht ausführlich mit der Vorbereitung befaßt haben und die Nachbereitung später behandelt wird, sollte an dieser Stelle die Durchführung des Lagers folgen. Um dieser außerordentlich wichtigen Maßnahme jedoch gerecht zu werden, haben wir uns entschlossen, das Lager in einem eigenen Buch zu behandeln: "Zeltlager und Jugendfreizeiten, Teil 2"

📖 Zeltlager und Jugendfreizeiten 2 - Durchführung von Wolfgang Ries, ISBN 3-89392-538-4, € 7,90, erscheint im Mai 2004

August

Endlich Urlaub! Die Ferienfreizeit ist vorüber. Jeder ist frisch geduscht, wohl duftend, fein gekleidet und ausgeschlafen – na ja, so ganz noch nicht. Bis der Akku wieder auf Normalstand ist, dauert es halt doch eine ganze Weile.

Bevor es aber endgültig ab in den wohlverdienten Urlaub geht, gibt es allerdings noch ein paar lästige Nacharbeiten, die nicht aufgeschoben werden können.

Zelte reinigen und trocknen

Die Zelte müssen nach dem Lager unbedingt noch ein bis zwei Tage gelüftet werden. Selbst wenn sie sich beim Verpacken im Lager schon trocken angefühlt haben, steckt noch eine Restfeuchtigkeit im Stoff, die schnell zu Pilzbefall führen kann.

Stark verschmutzte Zelte werden am besten mit klarem Wasser, einer Bürste und einem Schwamm gereinigt. Auf Reinigungsmittel sollte grundsätzlich verzichtet werden; sie können die Imprägnierung zerstören.

Die trockenen Zelte werden anschließend locker (nicht fest verschnüren) zusammengelegt und in einen Zeltsack gepackt. Auf einem Regal in einem gut belüfteten Raum überstehen sie die Wartezeit bis zum nächsten Lager ohne Schaden. Das Metallgestänge und die Heringe werden leicht eingeölt oder mit Antirostmittel behandelt.

Material aufräumen

Parallel zum Reinigen der Zelte kümmern sich die Verantwortlichen (Küchenteam, Spielewart usw.) um Ihre Bereiche. Defektes und unvollständiges Spiel- oder Bastelmaterial wird aussortiert. Der Rest wird, wenn nötig, gereinigt, in eine Liste eingetragen und wieder ordentlich in die zugehörige Kiste einsortiert. Diese Liste leistet, befestigt auf der Innenseite des Deckels, im nächsten Jahr wertvolle Dienste.

Wenn alles sauber und trocken ist, kann es für das nächste Jahr verstaut werden

Anschließend folgt der letzte Akt: Das ganze Material wird im Vereinsheim, im Gemeindezentrum oder im Pfarrsaal eingelagert. Am besten auf dafür vorgesehenen Regalen, denn so ist auch hier für gute Belüftung gesorgt und die einzelnen Kisten sind jederzeit gut zugänglich.

Die berühmte Schlamperkiste

Wo gehobelt wird, da fallen Späne. Und wenn Kinder zur Ferienfreizeit fahren, bleiben am Ende Klamotten übrig, die keinem gehören. Kaum zu glauben, was da manchmal zusammenkommt. Nagelneue Jeans, modische Regencapes und massenhaft Unterwäsche – natürlich dreckige!

Am einfachsten wäre natürlich, das ganze Zeug wegzuwerfen. Das wiederum läßt aber die Lagerleitungsehre nicht zu. Es folgt also, was folgen muß: ein zusätzlicher Waschtag wird eingelegt (bei der Gelegenheit wandern die lagereigenen Geschirrhandtücher und Spüllappen gleich mit in die Waschmaschine).

Das Nachtreffen wird dann um einen recht lustigen Programmpunkt, Klamotten versteigern, erweitert. Und wenn dann immer noch was da ist, weg damit als Altkleiderspende!

Öffentlichkeitsarbeit - Zeitungsartikel

Die Pressearbeit ist auch nach einer Freizeit von großer Wichtigkeit, denn es gilt der Grundsatz: wird nicht berichtet – hat nichts stattgefunden!

Spätestens wenn alles Material wieder sauber und an seinem Platz verstaut ist, sollte ein möglichst lebendig geschriebener Bericht an die örtliche Presse geschickt werden. Am besten mit zwei, drei Action-Bildern. Gruppenbilder zeigen zwar jeden Teilnehmer (wenn auch nur ganz klein), aber das sind nicht gerade die Lieblingsmotive der Redakteure.

Für die Presseartikel sollte schon während des Lagers Material gesammelt werden.

September

Es ist Spätsommer. Die Freizeit liegt schon einige Wochen zurück und der Blick richtet sich so langsam aber sicher wieder nach vorne. Noch ein paar, nicht unwichtige "Nacharbeiten" und schon ist es Zeit für das, von vielen erwartete Nachtreffen.

Einladung Nachtreffen

Das erste, was im September ansteht, ist die Organisation des Nachtreffens. Mit den Betreuern läßt sich am besten telefonisch ein Termin vereinbaren, bevor ein geeigneter Raum (möglichst der gleiche, wie beim Vortreffen) angemietet wird.

Als Einladung für die Eltern und Teilnehmer reicht diesmal eine formlose Postkarte (natürlich selbst gebastelt, mit einem Foto vom Lager vorne drauf, schon wird wieder was Besonderes draus).

Apropos Fotos

Fürs Nachtreffen müssen noch ein paar (max. 100) repräsentative Bilder aussortiert werden. Entweder als Dias oder besser noch, in digitaler Form, dann sollte allerdings ein Beamer zur Verfügung stehen. An einer anfangs nicht sichtbaren Stelle werden zusätzlich alle Bilder noch einmal in Papierform und nummeriert ausgelegt. So können alle Anwesende die Dia-/ Beamershow genießen und anschließend ohne Eile die Bilder notieren, die sie bestellen möchten.

Lagerzeitung

Sie enthält Fotos, Liedtexte, Besinnliches, Adressen, Kritik und Lob über die vergangenen Wochen, Humorvolles und Artikel der Teilnehmer zu verschiedenen Aktionen. Die Lagerzeitung hat nicht die Aufgabe, das komplette Programm der Freizeit zu dokumentieren, aber sie ist ein schönes Spiegelbild des Lagerlebens. Deshalb sollten die Artikel auch mit einem Augenzwinkern verstanden, und nicht allzu ernst genommen werden.

Die redaktionellen Beiträge werden von den Teilnehmern noch während der Freizeit erstellt (z.B. im Workshop Lagerzeitung). Die Nacharbeit, sprich Kopieren und Heften, übernehmen die Betreuer. Verteilt wird sie beim Nachtreffen

Zuschüsse – Listen abgeben

Je nachdem, welche Zuschüsse im Vorfeld beantragt wurden, müssen nun die Namenslisten und ggf. weitere Nachweise an die zuständigen Ämter weitergeleitet werden. Wird dies vergessen, gibt's kein Geld!

Abrechnung

Wieder mal ein ganz wichtiger Punkt. Nicht nur, um die Ausgaben nachzuweisen, bei einer eventuellen Kontrolle der Ausgaben (damit sollte immer gerechnet werden!) spricht ein sauber geführtes Kassenbuch für Seriosität und Sachverstand.

Entsprechend der Reihenfolge in der Kalkulation (siehe Kapitel "November") werden die einzelnen Posten nacheinander aufgeführt (in einem Ordner durch Register voneinander getrennt) und mit den entsprechenden Belegen dokumentiert. Nach der Gegenüberstellung von Einnahmen und Ausgaben sollte auf alle Fälle erstens die Kasse stimmen und zweitens möglichst kein Minus entstehen.

☺ Belege aus Thermopapier nicht mit Alleskleber (z.B. Uhu) ins Kassenbuch einkleben. Thermopapier reagiert nicht nur auf Wärme, sondern auch auf die Ausgasung des Klebstoffes.

Nachtreffen Betreuer

In welcher Weise das Nachtreffen der Betreuer durchgeführt wird, liegt natürlich im Ermessen jedes einzelnen. Nur stattfinden sollte es und eine geeignetes Ambiente (gutes Lokal, dekorierter Gruppenraum, o.♦.) hat es ebenfalls verdient. Auch für ein ansehnliches Geschenk pro Betreuer ist in der Kasse sicher noch was übrig. Und wenn dann noch während einem guten Essen die unzensierten Fotos die Runde machen, wächst vielleicht auch schon die Lust aufs nächste Lager!?
Der ideale Termin für das Leiternachtreffen ist der Vorabend des Nachtreffens für die Teilnehmer. Ja nach Lust und Laune kann sich dann eine Fete mit Übernachtung anschließen und Betreuer mit langer Anreise brauchen nur einmal kommen.

Nachtreffen Teilnehmer

Wenn die letzten aus dem Urlaub zurück sind und die Kinder sich wieder mit lästigen Hausaufgaben rumschlagen müssen, ist eine gute Zeit, Eltern, Kinder und Freunde zum Nachtreffen einzuladen.

Die Erinnerungen sind trotz der vergangenen Wochen noch frisch und jeder freut sich auf ein Wiedersehen.

☺ Ein Nachtreffen so um November läßt sich gut mit der Werbung für die kommende Freizeit verbinden. Allerdings ist der Abstand zum letzten Lager schon sehr groß.

Beispiel für ein Nachtreffen

Termin: Sonntagnachmittag 14.30 Uhr

▷ **Begrüßung**
Ein paar nette Worte zum Lager und zum Ablauf genügen erfahrungsgemäß.

▷ **Kaffee und Kuchen. Nicht umsonst, sondern gratis!**
Der Duft von frischem Kaffee und der Anblick von selbst gebackenen Kuchen verleiht der Veranstaltung das nötige Flair. Und für die Kinder hat das Küchenteam stilecht eine Kinderbowle gezaubert. Ist jeder versorgt, folgt der Höhepunkt:

▷ Die Dia-, Beamer- oder Videoshow
Nun heißt es, zurücklehnen und genießen. Kommentiert und falls erforderlich, erklärt von Lagerleitung und Betreuern ziehen noch einmal die Farben und Erlebnisse des Sommers vorüber.

▷ Lagerzeitung verteilen.
Während die ersten Kinder schon die vorbereitete Fotowand stürmen und eine Liste mit Nummern der Bilder füllen, die sie bestellen möchten, verteilen die Betreuer die Lagerzeitung.

o Was noch niemand weiß, aber beim Verteilen bekannt gegeben wird: eine Zeitung ist präpariert (kleine Markierung, o.♦.). So wird der Teilnehmer ermittelt, der die Lagerfahne gewinnt. Das kommt bei den Kindern immer toll an!

▷ Klamotten "versteigern"
Zur Überraschung einiger Eltern tauchen hier so manche verloren geglaubte Kleidungsstücke wieder auf. Bei Unterwäsche, Schlafanzügen oder gar Dessous ist auf alle Fälle schon mal für allgemeine Erheiterung gesorgt.

▷ Nachbestellungen der Fotos
Um später lästiger Lauferei aus dem Weg zu gehen, sollten die nachbestellten Abzüge bereits im Voraus bezahlt werden.

▷ Verabschiedung und persönliches Gespräch
Den Nachmittag endet mit einem kurzen Ausblick für die kommende Freizeit und der Gelegenheit zu einem persönlichen Gespräch.

Mal abgesehen vom Verteilen, bzw. Verschicken der Nachbestellungen läßt sich abschließend feststellen:

Das war´s!

Literaturtips

- Kochen 3, für Gruppen und Zeltlager, ISBN 3-89392-529-5, 122 Seiten, Conrad-Stein-Verlag, € 7,90
- Abenteuer Teeniegruppe, ISBN 3-89392-169-9, 89 Seiten, Conrad-Stein-Verlag, € 6,90
- Handbuch für Freizeitleiterinnen und Freizeitleiter, ISBN 3-7761-0069-9, 223 Seiten, Verlag Haus Altenberg, € 9,95
- Freizeithandbuch, Gruppenarbeit mit Kindern lebendig gestalten, ISBN 3-403-03558-1, 247 Seiten, Auer Verlag GmbH, € 16,40
- Heute geht's mir gut Gott, 143 junge Gebete, ISBN 3-7761-0092-3, 200 Seiten, Verlag Haus Altenberg, € 6,40
- Im Auge behalten, Rechtliche & versicherungstechnische Tips, ISBN 3-7761-0093-1, 114 Seiten, Verlag Haus Altenberg, € 1,50
- Aufsichtspflicht, Haftung, Versicherung für Jugendgruppenleiter, ISBN 3-8029-7438-7, 128 Seiten, Walhalla Fachverlag, € 15,50
- Handbuch für Pfadfinder, ISBN 3-87249-228-4, 200 Seiten, Carl Gerber Verlag GmbH, € 7,95
- QUERWELTEIN, ein Handbuch – nicht nur für Pfadfinder, ISBN 3-927349-08-9, 432 Seiten, Georgs- Verlag, € 16,90
- Kennen + Können, Handbuch für Gruppenaktivitäten und Ferienlager ISBN 3-7252-0667-8, 384 Seiten, rex verlag luzern, € 23,50
- IDEEBOX für kreative Lagertage, Kreative Spiele, ISBN 3-7252-0720-8, 128 Seiten, rex verlag luzern, € 16,80
- GELÄNDESPIELE, Spielprojekte für Stadt, Wald und Wiese, ISBN 3-7252-0656-2, 144 Seiten, rex verlag luzern, € 15,80
- BEWEGTE SPIELE für die Gruppe, Spiele für Jung und Alt, ISBN 3-931902-74-9, 142 Seiten, Ökoptopia Verlag, € 16,40

Weitere Literaturtips und interessante Internetadressen befinden sich unter

www.lagerwolfgang.de.

Checklisten

In der folgenden Checkliste können Sie alle anfallenden Arbeiten "abhaken".

August

- O Warum Ferienfreizeit
- O Die Lagerleitung
- O Zielgruppe
- O Betreuersuche
- O Anzahl der Teilnehmer
- O Dauer und Termin
- O Unterkunft
- O Rohkalkulation

September

- O Zeltplatz-/Haussuche
- O Zeltplatz- und Häuserlisten
- O Vertrag
- O Doppelbuchungen
- O Infomaterial anfordern
- O Ausrüster
- O Ferienwerke
- O Vorbereitungslehrgang
- O Muster - Beleganfrage
- O Checklisten Haus / Zeltplatz

Oktober

- O Teilnehmertransport
- O Versicherungen
- O Aufsichtspflicht
- O Zuschüsse
- O Sponsoring
- O Betreuereignung
- O Freizeit-Girokonto
- O Erstes Betreuertreffen
- O Muster - Anfrage Bustransfer

November

- O Kalkulation
- O Freizeitmotto
- O Ausschreibung
- O Werbung
- O Muster - Vorläufige Anmeldung

Dezember

- O Zweites Betreuertreffen
- O Aufgabenverteilung
- O Muster - Talente- Sammlung

Januar

- O Verbindliche Anmeldung
- O Zahlungsmodalitäten
- O Einverständniserklärung
- O Gesundheitsfragebogen
- O Muster - verbindliche Anmeldung
- O Muster - Einverständniserklärung
- O Muster - Gesundheitsfragebogen

Februar

- O Teilnahmebestätigungen
- O Vorbereitungswochenende, Planung
- O Haus-/ Zeltplatzsuche für´s Folgejahr
- O Muster - Teilnehmerkartei

März

- O Vorbereitungswochenende
- O Insolvenzscheine ordern
- O Ermäßigungen, Zuschüsse regeln
- O Muster - Bescheinigung Sozialamt
- O Muster - "Lagerorgaplan"
- O Muster - Speiseplan

April

- O Einladung zum Elternabend/Vortreffen
- O Teilnehmerbeitrag abbuchen
- O Bastelmaterial, Checkliste
- O Werkzeuge, Checkliste
- O Spiele, Checkliste
- O Erste Hilfe, Checkliste
- O Zelt- und Zubehörpflege
- O Transportkiste
- O Muster - Einladung Elternabend
- O Muster - Infoblatt Zeltplatz
- O Muster - Infoblatt "wer, was, wann, wo"

Mai

- O Vortreffen / Elternabend
- O Ferienversicherung abschließen
- O Muster - Packliste

Juni

- O Kontrollanruf Busunternehmen
- O Kontrollanruf Hütten-/Platzwart
- O Sitzbänke & Tische mieten
- O Gottesdienst vorbereiten
- O Überfall organisieren
- O Abrechnungsblock
- O Speiseplanuhr
- O Tennisbälle für Heringe
- O Brennholz organisieren
- O Blanko-Urkunden herstellen
- O Namensschilder
- O Windeln batiken
- O Lager T-Shirt
- O Liederbuch
- O Fünftes Betreuertreffen
- O Dienste
- O Lagerregeln

O Rund um die Fahrt
O Busquiz
O Letzter Elternbrief
O Muster - Elternbrief

Juli

O Bargeldnachschub organisieren
O Fotokopien
O Bastelmaterial einkaufen
O Mandalas
O Betttuch für Lagerfahne
O Teesack nähen
O Lebkuchenaufbauten
O Salatkräuter in Öl einlegen
O Lebensmittel einkaufen
O Packen und Verladen
O Kurzcheck vor der Abfahrt
O Wetterbericht und Verkehrsfunk
O Der Tag X, Treffpunkt und Abfahrt
O "Zeltlager und Jugendfreizeiten, Teil 2"

August

O Putzen und Aufräumen
O Schlamperkiste
O Zeitungsartikel

September

O Einladung Nachtreffen
O Dia-/ Videoshow vorbereiten
O Lagerzeitung erstellen
O Listen für Zuschüssen abschicken
O Abrechnung
O Betreuernachtreffen
O Teilnehmernachtreffen

Alle Bücher aus dem Conrad Stein Verlag

OutdoorHandbücher - Basiswissen für Draussen

Band		€
1	Rafting	6,90
2	Mountainbiking	6,90
3	Knoten	6,90
4	Karte Kompaß GPS	7,90
5	Eßbare Wildpflanzen	6,90
6	Skiwandern	6,90
7	Wildniswandern	6,90
8	Kochen 1 aus Rucks. u. Packtasche	6,90
9	Bergwandern	6,90
10	Solo im Kanu	6,90
11	Kanuwandern	7,90
12	Fotografieren	7,90
13	Wetter	6,90
14	Allein im Wald - Survival für Kinder	6,90
15	Wandern mit Kind	6,90
16	Sex-Vorbereitung Technik Varianten	6,90
20	Wüsten-Survival	7,90
21	Angeln	7,90
22	Leben in der Wildnis	7,90
24	Ratgeber rund ums Wohnmobil	7,90
25	Wale beobachten	7,90
30	Spuren & Fährten	7,90
31	Canyoning	7,90
34	Radwandern	7,90
35	Mushing - Hundeschlittenfahren	7,90
36	Gesund unterwegs	6,90
39	Erste Hilfe	7,90
45	Solotrekking	6,90
48	Für Frauen	6,90
58	Fahrtensegeln	7,90
65	Seekajak	6,90
68	Minimal Impact - Outdoor - naturverträglich	6,90
69	Abenteuer Teeniegruppe	6,90
70	Wintertrekking	6,90
72	Schnorcheln und Tauchen	6,90
73	Trekkingreiten	7,90
77	Wohnmobil in USA und Kanada	9,90
86	Regenwaldexpeditionen	7,90
94	Wattwandern	7,90
97	Urlaub auf dem Land	7,90
99	Kochen 2 - für Camper	6,90
100	Ausrüstung 1 - von Kopf bis Fuß	7,90
101	Ausrüstung 2 - für Camp und Küche	7,90
102	Ballonfahren	6,90
103	How to shit in the Woods	7,90
104	Globetrotten	7,90
106	Daumensprung und Jakobsstab	6,90
108	DocHoliday - Taschendoktor für Outdoorer, Traveller und Yachties	6,90
120	Trailfinder - Orientierung ohne Kompaß und GPS	6,90
129	Kochen 3 - für Zeltlager & Freizeiten	7,90
131	Zeltlager und Jugendfreizeiten - Planung und Vorbereitung	7,90
132	Zeltlager und Jugendfreizeiten 2 Durchführung	7,90
143	Trekking mit Hund (04)	7,90

OutdoorHandbücher - Der Weg ist das Ziel

Band		€
17	Schweden: Sarek, Padjelanta, Abisco.	12,90
18	Schweden: Kungsleden	12,90
19	Kanada: Yukon - Kanu- und Floß	12,90
23	Spanien: Jakobsweg	12,90
26	Schottland: West Highland Way	12,90
27	John Muir Trail (USA)	10,90
28	Landmannalaugar (Island)	10,90
29	Kanada: West Coast Trail	9,90
32	Polen: Radtouren in Masuren	12,90
33	Trans-Alatau (GUS)	10,90
37	Kanada: Bowron Lakes	10,90
38	Polen: Kanutouren in Masuren	12,90
40	Trans-Korsika - GR 20	12,90
41	Norwegen: Hardangervidda	12,90
42	Nepal: Annapurna	9,90
43	Schottland: Whisky Trail	12,90
44	Tansania: Kilimanjaro	12,90

49	USA: Grand Canyon Trails	10,90
50	Kanada: Banff & Yoho NP	10,90
51	Tasmanien: Overland Track	10,90
52	Neuseeland: Fiordland	10,90
53	Irland: Shannon-Erne	12,90
54	Südafrika: Drakensberge	10,90
55	Spanien: Pyrenäenweg GR 11	12,90
56	Polen: Drawa-Kanutour	9,90
57	Kanada: Great Divide Trails	10,90
59	Kanada: Wood Buffalo NP (Kanu)	9,90
60	Kanada: Chilkoot Trail	10,90
61	Kanada: Rocky Mountains-Radtour	10,90
62	Irland: Kerry Way	10,90
63	Schweden: Dalsland-Kanal	12,90
64	England: Pennine Way	12,90
66	Alaska Highway	12,90
71	N-Spanien: Jakobsweg-Küstenweg	12,90
74	Nordirland: Coastal Ulster Way	10,90
76	Pfälzerwald-Vogesen-Weg	10,90
78	Polen: Pisa-Narew (Kanuroute)	9,90
79	Bolivien: Choro Trail	10,90
80	Peru: Inka Trail u. Region Cusco	12,90
81	Chile: Torres del Paine	12,90
82	Norwegen: Jotunheimen	12,90
83	Neuseeland: Stewart Island	9,90
84	USA: Route 66	10,90
85	Finnland: Bärenrunde	9,90
87	Montblanc-Rundweg - TMB	9,90
88	Griechenland: Trans-Kreta	9,90
89	Schweden: Skåneleden	9,90
90	Mallorca: Serra de Tramuntana	9,90
91	Italien: Trans-Apennin	9,90
92	England: Themse-Ring	9,90
93	Spanien: Sierra Nevada	12,90
95	Norwegen: Nordkap-Route	12,90
96	Polen: Czarna Hancza/Biebrza-Kanu	9,90
98	Wales: Offa's Dyke Path	9,90
107	GR 5: Genfer See - Nizza	12,90
109	Mecklenburgische Seenplatte	9,90
112	Norwegen: Telemark-Kanal	9,90
113	Thüringen: Rennsteig	9,90
114	Alpen: Dreiländerweg (CH-A-I)	9,90
115	Tschechien: Freundschaftsweg	12,90
116	Spanien: Jakobsweg - Via de la Plata	12,90
117	Schweiz: Jakobsweg	12,90
118	Rund Australien	14,90
119	Schwäb. Alb: Hauptwanderweg	12,90
121	Italien: Dolomiten-Rundweg	9,90
122	Schwarzwald-Jura-Weg	9,90
127	Uganda: Ruwenzori-Wanderungen (04)	12,90
128	Frankreich: Jakobsweg v. Le Puy...	12,90
132	Dem Kommissar auf der Spur - ein lit. Reiseführer zu Kriminalschauplätzen.	12,90
133	NRW: Natur und KulTour (per Rad)	12,90
134	Deutschland: Vorpommern Radtour durch die Nationalparks	9,90
135	Deutschland: Schleswig-Holstein Tour	9,90
136	Schweiz: Matterhorn - Tour du Cervin	9,90
137	Belgien: Jakobsweg - Via Mosana	9,90
138	Grönland: Artic Circle Trail	9,90
140	Italien: Alpiner Wanderweg Friaul	12,90
141	N-Spanien: Jakobsweg Nebenstrecken	9,90
142	Bayern: Jakobsweg	12,90
144	Kanada: East Coast Trail	9,90
145	Rund Bornholm - zu Fuß u. p. Rad (05)	9,90
146	Tschechien: Isergebirge	9,90

OutdoorHandbücher - Fernweh-Schmöker

Band		€
46	Blockhüttentagebuch (R. Höh)	12,90
47	Floßfahrt nach Alaska (R. Höh)	10,90
75	Auf nach Down Under (Australien)	7,90
105	Südsee-Trauminsel (Tom Neale)	9,90
110	Huskygesang - Hundeschlittenfahrten	7,90
111	Liebe - Schnaps - Tod (Thailand)	7,90
123	Pacific Crest Trail (USA)	9,90
124	Zwei Greenhorns in Alaska	7,90
125	Auf dem Weg zu Jakob	9,90
126	Kilimanjaro-Lesebuch	7,90
130	1000 Tage Wohnmobil - Weltreise...	12,90

ReiseHandbücher

	€
Äthiopien	22,90
Antarktis	24,90
Grönland	14,90
Iran	22,90
Kanarische Inseln	14,90
Kiel	9,90
Kiel von oben - Luftbildband	24,90
Kurs Nord	24,90
Libyen	22,90
Neuseeland-Handbuch	18,90
Phuket & Ko Samui	14,90
Reisen mit Hund	9,90
Rumänien	14,90
Schweiz	18,90
Sibirien	22,90
Slowakei	14,90
Spitzbergen-Handbuch	22,90
Tansania / Sansibar	19,90

Fremdsprech

Band		€
1	Oh, dieses Dänisch	4,90
2	Oh, dieses Schwedisch	4,90
3	Oh, dieses Spanisch	4,90
4	Oh, dieses Englisch	4,90
5	Oh, dieses Französisch	4,90
6	Oh, dieses Russisch	4,90

☺ Weitere Bücher in Vorbereitung.
Fordern Sie unseren aktuellen Verlagsprospekt an:

Conrad Stein Verlag GmbH
Postfach 1233
59512 Welver
☏ 02384/963912 FAX 963913
www.conrad-stein-verlag.de
info@conrad-stein-verlag.de